＼いろいろな糸で楽しむ／
どうぶつ刺繍レッスン

Chicchi

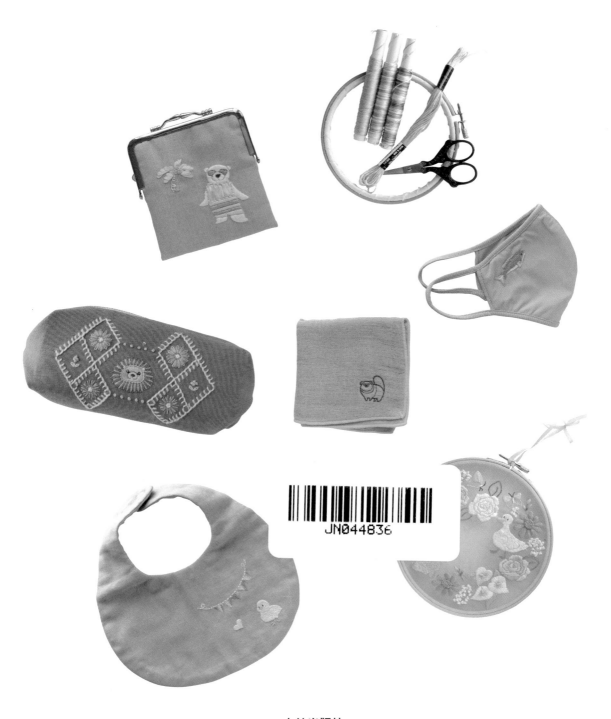

JN044836

内外出版社

CONTENTS

3章　ステッチを組み合わせて描く　どうぶつたちの図案

3章の図案では、
簡単な手順＆ポイントを
解説しています

4章　刺繍の楽しみ方

既製品に刺繍をして楽しむ

自分で仕立てて楽しむ

この度は、本書を手に取って頂きありがとうございます。
あなたと出会えたことに感謝を申し上げます。

今回は、初心者さんから中級者の方々へ向けた書籍となっていますが
上級者の方にも楽しんでもらえたらとても嬉しいです。

初心者の方は、初めは手探り状態で
ちんぷんかんぷんに感じてしまうかもしれません。
ただ、思い通りにいかなくても
刺繍を楽しむためにはその過程も大事な通過点です。
最初から完璧な完成を目指さなくて大丈夫。
「お手本通りにいかない…」と落ち込まずに、
経験値に合った自分なりの完成を目指し、
ひとつ刺繍が完成したら自分を褒めてあげましょう。
続けていれば、自分の満足する刺繍が
いつの間にかできあがるはずです。

本書では私たちも新たなチャレンジとして、
様々な種類の糸を使用していますが、
無理に揃えずに、手元にある糸で工夫をして楽しんでください。
あなた自身からオリジナルのアイディアが生まれることを、
後押しできたら嬉しいです。
決まりにとらわれ過ぎず、自由な発想で…！

刺繍を通してあなた自身が癒され、
幸せな時間を過ごすことができますように。

Chicchi

1章

刺繍を始めよう
～道具と準備～

本書で紹介する刺繍、「フランス刺繍」とは……

世界には、各国や各地方で生まれ、それぞれ独特の世界観を持った刺繍が数多く存在しています。
その中で最も基本的で、一般的な刺繍が「フランス刺繍」です。
フランス刺繍の特徴といえば、自由度の高いことでしょう。
使えるステッチの種類が豊富で、自由なデザインを針と糸で描くことができます。

フランス刺繍で使える布の紹介

本書で使用する布や、私たちが普段よく使っている布の一部を紹介します。
フランス刺繍で使える布に限りはありません。どんな布に刺繍しても大丈夫です。
※ 布によって刺しやすさは異なります

a. 麻綿キャンバス ／ b. 綿シーチング ／ c. リネン ／ d. ポリエステルオーガンジー ／ e. フェルト

基本的な道具

a. フランス刺繍針（リボン刺繍用の針、ウール用の針、または毛糸用のとじ針などもあります）
b. 刺繍枠／c. 糸切りばさみ／d. 裁ちばさみ／e. 手芸用複写紙／f. トレーシングペーパー／g. セロファ
ン／h. トレーサー（インクがでないボールペンでも OK）／i. 筆記用具／j. マスキングテープ

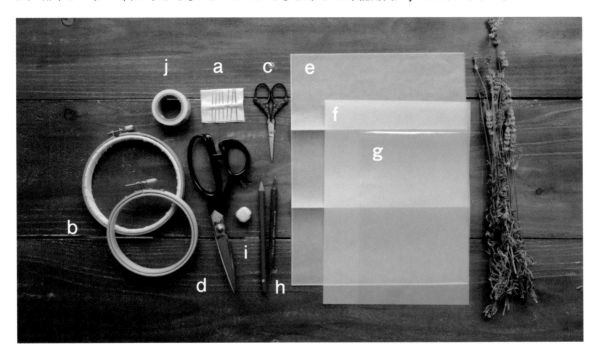

あると便利な道具

k. 手芸用シャープペンシル

描いた跡が水で消えるシャープペンシル。刺繍途中で図案が消
えてしまった場合など、細かい線を書き足すのに用いる。芯の色
は黒以外もあるので、布の色に合わせて使い分けることができる。

l. 水で消えるチャコペン

水でインクを消すことができる。ペン先の太さが選べ、大きな図案
で使いやすく布写りが良い。

m. 待ち針

マスキングテープが使えない場合、待ち針を使ってトレーシングペ
ーパーを固定する。

n. 糸通し

針に糸を通すときに使用する。

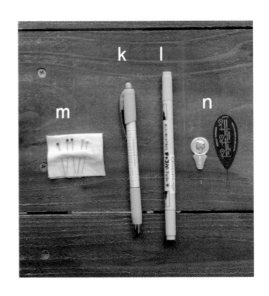

フランス刺繍で使う刺繍糸の種類

本書で使用する糸の一部を紹介します。
刺繍糸にもいろいろな種類があり、またメーカーによって色や太さ、質感も異なります。

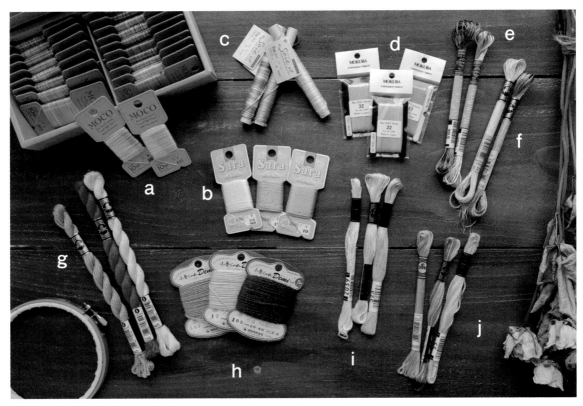

a. MOCO（フジックス）／ b. Sara（フジックス）／ c. Soie et ソワエ（フジックス）／ d. リボン刺繍糸（MOKUBA）／ e. 25番シャイニーリフレクターラメ刺繍糸（OLYMPUS）／ f. 25番ライトエフェクト系・ラメ刺繍糸（DMC）／ g. 5番コットンパール刺繍糸（DMC）／ h. 小巻 Café Demi（DARUMA）／ i. 25番刺繍糸（OLYMPUS・DMC・COSMO）／ j. 25番グラデーション刺繍糸（DMC・OLYMPUS）

刺繍糸の準備

本書では、「25番刺繍糸」をメインに使います。細い糸が6本まとまってひとつの束となっていて、全長は8mです。これを使いやすい長さ（60～65cm）にカットして使います。
どちらの方法を用いてもそれぞれ約65cmになります

25番刺繍糸の準備方法　その1

1 糸束を端から優しく引き抜き、止まるところでストップする

2 もう一度同じように優しく引き抜き、止まるところで引き抜くのをやめる

3 際で糸をカットする

25番刺繍糸の準備方法　その2

1 刺繍糸をほどく。ラベルは捨てない

2 全部ほどいたら、半分に折り、もう一度半分に折る

3 さらに三つ折りにする

4 ③で折った部分2か所（丸囲み部分）をハサミでカットする

5 カットしたら糸束をまとめ、ラベルを戻す

6 半分に折る

7 それぞれの束から4本ずつ真ん中に分けると、8本の束が3つできる

8 まとめてゆるめに三つ編みをしたら完成

5番刺繍糸の準備

1 糸のラベルをとり、ねじれを解く。ラベルは捨てない

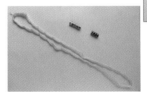

2 半分に折れているので、1本に伸ばす。輪になっているのが分かる

3 片側が写真のようになっているので、結ばれている部分ごとカットする

4 ラベルを再び戻し、元のねじれをゆるく戻してまとめる。または25番刺繍糸のようにゆるめに三つ編みをしてまとめてもOK

※その他、巻物になっている糸は使いやすい長さに切ってから使う

針に糸を通す方法　その1

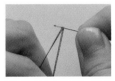

1 針のお尻を使って糸を半分に折る

2 指でしっかり糸を押さえる

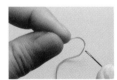

3 その状態からそのまま針を引く。糸はしっかり押さえたまま

4 糸の折れ目に針穴を合わせ、そのまま針を指の間に埋めるように針穴に糸を通す

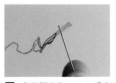

5 糸を押さえていた手を離し、糸を引き抜く

針に糸を通す方法　その2

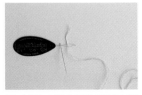

1 糸通しの針金部分を針穴に通してから、糸通しの輪に糸を通す

2 そのまま糸通しを針穴から引き抜く

Stitch One Point

- 6本束から1本ずつ糸を引き抜きます。その後、必要本数（図案に書いてある糸の本数）まとめてから針に通して刺繍を始めましょう。

いろいろな図案の写し方

基本的な図案の写し方の紹介と、そのほかに図案写し専用の商品を簡単に紹介します。
ぜひ図案写しの参考にしてください。　※主に綿のシーチング布を使用して図案を写しています

基本的な写し方　※スーパーチャコペーパーを使用しています

※複写紙は青・赤・白・黒などの色があるので、布によって使い分けることができます

1 図案のもととなる書籍やノートの上に、トレーシングペーパーをマスキングテープで固定し、図案を写す（鉛筆でもボールペンでもOK）

2 **1**で写したトレーシングペーパーを布に重ね、上と横2か所をマスキングテープまたは待ち針で固定、間に複写紙をインク面を下にして入れる

3 トレーシングペーパーが破れてしまうのを防ぐため、一番上にセロファンを置く

4 トレーサーやインクがでなくなったボールペンなどを使い、そのまま図案をなぞる

5 布に図案が写った様子。布の素材や厚み、また複写紙の種類によっては、写すときに力を入れて写す必要がある（写すときの力加減を考える）

図案写しに便利な商品　※ご使用の際は各商品の説明書をよく読んでご利用ください

`使用した感想`

ペンの色が限られているので、布の色を選ぶ。フェルトに図案を写すのに使える。あまり細かい図案には向いていないかも。ムーンベールに写した図案は消せるので、繰り返し使用できるのが嬉しい。

`P72 で使用`

ムーンベール（アドガー）　※専用のトレーシングペーパーと専用のペンを使用しています

  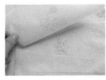 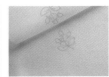

1 図案の上にムーンベールを置いて、専用ペンで図案を写す。図案とムーンベールの間にセロファンを入れると図案が汚れない

2 布の上に**1**で写したムーンベールを固定して専用ペンで図案をなぞる

3 布に図案が写った様子

4 フェルトに写した様子

`使用した感想`

鉛筆で図案を写したが、最後はきれいに消えた。しつけ糸で固定する場合は布を枠にはめてからが良い。針の通りは良く、刺繍が刺しにくくなることはなかった。濃い色の布や直接写しづらい素材に使えそう。

`P47 で使用`

キルターズシークレット（日本バイリーン）　※水で溶ける不織布

1 図案より少し大きめにカットしたキルターズシークレットを図案の上に置いて図案を写す

2 仕様説明では刺繍枠で固定するとあるが、図案が小さいのでしつけ糸で布に固定した

3 刺繍をする。刺繍が終わったら水洗いをしてキルターズシークレットを溶かす。優しくもみ洗いをしてしっかり洗い流す

P71.74.75 で使用

スマ・プリ® （ルシアン） ※水に溶ける図案転写シール

使用した感想

シールのベタベタは気にならずスムーズに刺繍ができた。細かい図案でも使える。布に直接図案が写せない素材やTシャツ、靴下などの衣類に刺繍するときに使えそう。

1 図案より少し大きめにスマ・プリを台紙ごとカットし、水性ペンで図案を写す

2 台紙からはがし、図案を写したシールを布に貼る

3 刺繍をする。刺繍が終わったら水洗いをしてシールを溶かす。優しくもみ洗いをしてしっかり洗い流す

P75 で使用

刺繍用下地シート（ダイソー） ※水に溶ける図案転写シール

使用した感想

シールのベタベタは気にならずスムーズに刺繍ができた。細かい図案でも使える。布に直接図案が写せない素材やTシャツや靴下などの衣類に刺繍するときに使えそう。ダイソー商品なので、手軽に手に入る。

1 図案より少し大きめに台紙ごとカットする。台紙が白く図案が写しづらいので、台紙からシールを剥がしてセロファンに貼ってから水性ペンで図案を写す

2 セロファンからはがして図案を写したシールを布に貼る

3 刺繍をする。刺繍が終わったら水洗いをしてシールを溶かす。優しくもみ洗いをしてしっかり洗い流す

その他の図案写しに使えるもの

P73 で使用

トレーシングペーパー（KOKUYO）

使用した感想

手軽に手に入る。トレーシングペーパーが布より硬いので、少し刺繍のしづらさはある。布に直接図案が写せない素材などに使えそうだが、細かい図案での使用は難しいかもしれない。

1 図案より少し大きめにカットし図案を写す

2 しつけ糸で布に固定する

3 刺繍をする

4 トレーシングペーパーを破って布からはがしていく。面が埋まっているステッチでは糸の隙間から針などを使って余分な紙を出す

刺繍の刺し始め、刺し終わり、糸の繋ぎ方

刺繍はハンカチや衣類などにすることも多いので、裏面も美しく仕上げるのが理想です。
そのため、刺し始めも終わりも基本的には玉どめで処理をするのではなく、裏糸にくぐらせて処理をします。
ほつれないか心配する声をよく聞きますが、よほどのことがない限り糸がほつれることはありません。
また刺し始めの糸は、そのつど必要なときに糸処理をしましょう。

リボン刺繍の刺し始め・刺し終わりも基本的には同じですが、詳しくは P39 を、
リボンの繋ぎ方は P49 を参照してください。

線で表現するステッチの場合

（説明画像は 25 番刺繍糸を使用）

刺し始め

図案から約5cm離れたところから
針を入れ、図案から針を出し刺繍
を始める

刺し始めの糸の処理

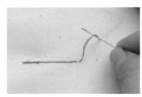

1 ある程度刺繍を進めたら、刺
し始めの糸を裏面に引き出す

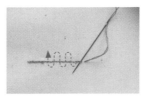

2 裏糸に何度かくぐらせ、際でカットする

刺し終わりの糸の処理

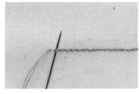

1 図案を刺し終わったら裏面に糸を引き出し、刺し始めの糸同様に裏
糸に何度か糸をくぐらせる

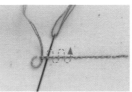

2 際で糸をカットする

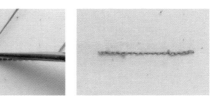

3 刺し始めと刺し終わりの糸
処理が終わっている状態

糸の繋ぎ方

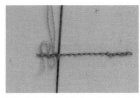

1 糸を繋ぐときも糸の処理同様、
裏糸に何度かくぐらせる

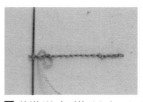

2 片道だと糸が抜けやすいので、往復して裏糸にくぐらせるとしっ
かり固定され、糸が抜けにくくなる

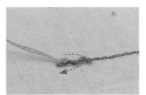

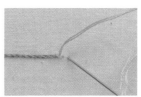

3 表に針を出し、続きを刺繍す
る

面を埋めるステッチの場合

その1　刺し始め

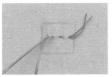    

1 図案の中で波縫いをするように二目刺し、二目返し縫いをする。糸端は適当な長さを残す

2 刺し始めの位置に戻ったら針を裏面に出す

3 刺し始めの糸端を裏面に引き抜く

4 表に針を出し、図案の通りに刺繍を始める

その1　刺し始めの糸の処理

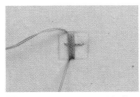 

1 図案を刺し進めると、刺し始めの糸が隠れていく

2 図案が刺し終わったときに刺し始めの糸端がはみ出ていたら、際でカットする

その2　刺し始め

線のステッチ同様、図案から約5cm離れたところから針を入れ、図案から針を出し刺繍を始める

その2　刺し始めの糸の処理

1 刺し終わったら裏面に糸を引き出し、針を裏糸にくぐらせる

2 裏糸にひっかけるようにしながら往復してくぐらせ、はみ出た糸は際でカットする

刺し終わりの糸の処理（その1・その2共通）

1 図案を刺し終わったら裏面に糸を引き出し、裏糸にひっかけるようにしながら、往復して針をくぐらせる

2 糸は際でカットする

糸の繋ぎ方

  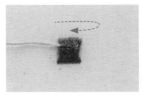 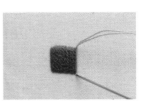

1 糸を繋ぐときも糸の処理同様、新しい糸を通した針を裏糸に何度かくぐらせる

2 片道だと糸が抜けやすいので、往復して裏糸にくぐらせるとしっかり固定され、糸が抜けにくくなる

3 表に針を出し、続きを刺繍する

・本書で使用するリボン刺繍糸は全て 3.5mm 幅です

・本書では色々な種類の糸を使用しておりますが、
無理に揃えず手元にある糸で工夫をして楽しんでください

いろいろな
**ランニング
ステッチ**

※指定以外のステッチはランニングステッチ、メーカー表記のない糸はOLYMPUS 25番刺繍糸

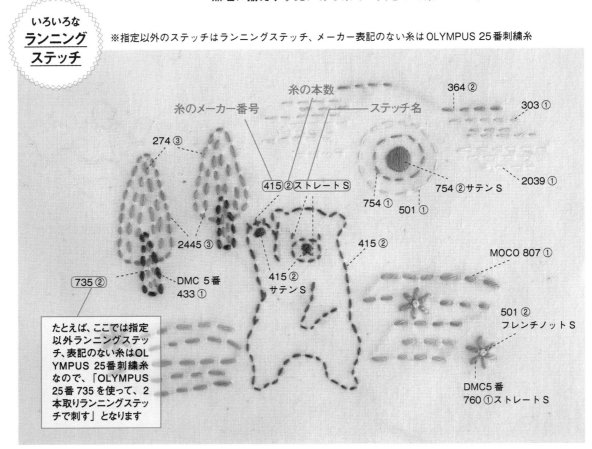

糸の本数

糸のメーカー番号 ————— ステッチ名

364 ②

303 ①

274 ③

415 ② ストレートS

754 ② サテン S

2039 ①

754 ① 501 ①

2445 ③

415 ②

415 ②
サテン S

MOCO 807 ①

735 ②

DMC 5番
433 ①

501 ②
フレンチノット S

たとえば、ここでは指定
以外ランニングステッ
チ、表記のない糸はOL
YMPUS 25番刺繍糸
なので、「OLYMPUS
25番 735 を使って、2
本取りランニングステッ
チで刺す」となります

DMC5番
760 ① ストレート S

たとえば、ここでは指定以外は
COSMO 25番刺繍糸なので、
「COSMO 25番 316A を使っ
て、3 本取りチェーンステッチ
で刺す」となります

指定外はCOSMO25番刺繍糸

525 ①
ストレートS

662 ②
チェーンS

糸のメーカー番号

糸の本数

316A ③
チェーンS

ステッチ名

525 ② チェーンS

316A ③
チェーンS

525 ②
ストレートS

369 ② ストレートS

316A ③
ストレート S

ソワエ516 ②
チェーンS

382 ②
フライS

382 ②
ストレートS

2151 ②
チェーンS

369 ①
フライS

317 ②
チェーンS

525 ①
ストレートS

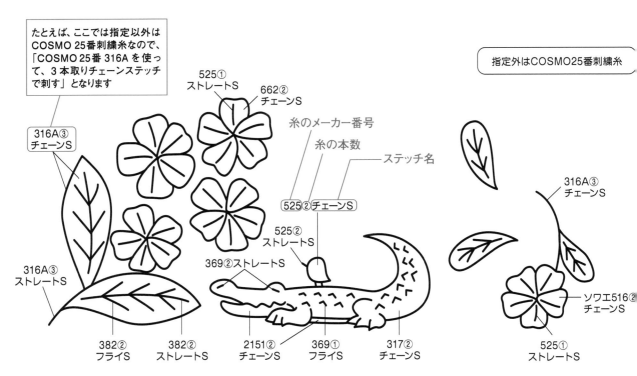

2章
ステッチを知ろう
〜刺繍の基礎〜

刺繍はステッチを刺すことで表現されるものなので、まずはステッチを知ることが必要です。
ここではフランス刺繍で使われる基本のステッチから、17のステッチと7つの応用ステッチを紹介します。
世界中にあるステッチの中で見ればほんの一部にしかすぎませんが、ステッチひとつをとっても
刺し方や糸の種類、本数によって様々に表情が変化するので、いろいろな使い方ができます。
さらにステッチを組み合わせて刺繍を楽しみましょう。

線のステッチ

ストレートステッチ
（ステッチ説明画像は2本取り）

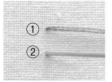
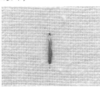

1 ①から針を出し、②に入れる

2 ストレートステッチの完成

応用 クロスステッチ （連続して刺す場合はP53参照）

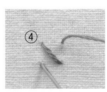

1 ①から針を出し、②に入れ、③から針を出す

2 糸を引いて④に針を入れ、糸を引く

3 クロスステッチの完成

いろいろな **ストレート ステッチ**

※指定以外のステッチはストレートステッチ、メーカー表記のない糸はDMC 25番刺繍糸

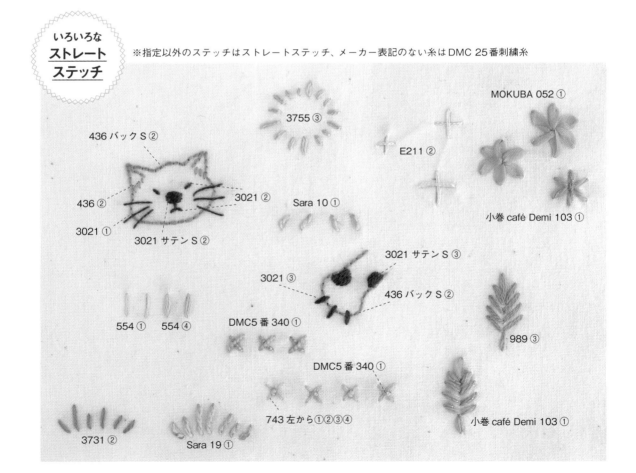

3755 ③

MOKUBA 052 ①

436 バックS ②

E211 ②

436 ②

3021 ②

Sara 10 ①

3021 ①

小巻 café Demi 103 ①

3021 サテンS ②

3021 サテンS ③

3021 ③

436 バックS ②

554 ①　554 ④

DMC5番 340 ①

989 ③

DMC5番 340 ①

743 左から①②③④

小巻 café Demi 103 ①

3731 ②

Sara 19 ①

ランニングステッチ （ステッチ説明画像は 2 本取り）

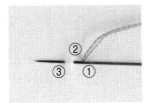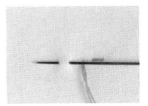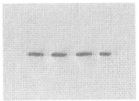

1 ①から針を出し、針を寝かせたまま②に入れて③で表に針を出す

2 針をなるべく水平にしたまま進行方向へ引きぬく。また一目分先の④に針を入れる

3 これを繰り返す

4 ランニングステッチの完成。波縫いと同じ仕上がりになる

Stitch One Point

● 刺繍って必ずしもキレイに一目や間隔を揃えなきゃいけないわけじゃない。
逆に不揃いにしてみたりするなど、刺したいもののイメージに合わせてステッチを刺してみよう！

いろいろな
**ランニング
ステッチ**

※指定以外のステッチはランニングステッチ、メーカー表記のない糸は OLYMPUS 25番刺繍糸

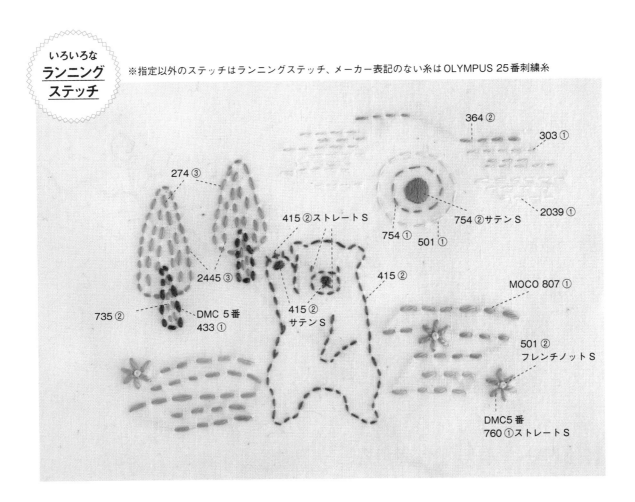

274 ③
2445 ③
735 ②
DMC 5番 433 ①
415 ②ストレート S
415 ② サテン S
415 ②
754 ②サテン S
754 ①
501 ①
364 ②
303 ①
2039 ①
MOCO 807 ①
501 ②
フレンチノット S
DMC5番
760 ①ストレート S

バックステッチ（ステッチ説明画像は2本取り）

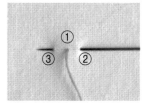 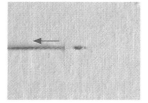 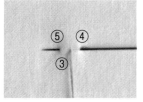 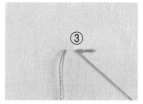

1 ①から針を出し、一目分戻って針を寝かせたまま②に入れて③で表に出す

2 針をなるべく水平にしたまま左に引き抜く

3 また一目戻った④（⬚-①と同じ場所）に針を寝かせて入れ⑤から表に出す。これを繰り返す

4 刺し終わりは一目戻った③に針を垂直に入れる

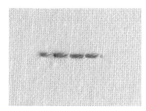

5 バックステッチの完成（四目刺した様子）

Stitch One Point

- 右利きの場合、バックステッチは右から左へ進んでいくのに対し、アウトラインステッチは左から右へ刺し進めていく

- 線を描くステッチでは、刺しゅう枠を使わなくてもOK。自分の刺しやすいスタイルを探そう！

- 細かい図案は、場合によっては針は寝かせず上下に出し入れしたほうが刺しやすいこともある

いろいろなバックステッチ

※指定以外のステッチはバックステッチ、メーカー表記のない糸はCOSMO 25番刺繍糸

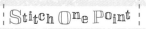 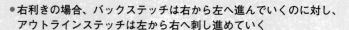

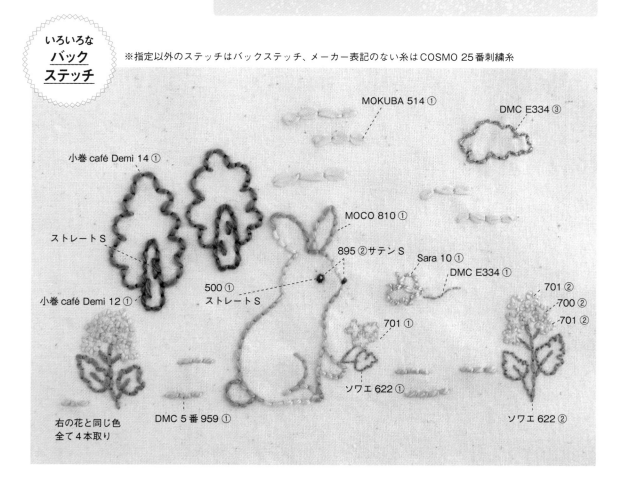

MOKUBA 514 ①
DMC E334 ③
小巻 café Demi 14 ①
MOCO 810 ①
895 ②サテン S
Sara 10 ①
DMC E334 ①
ストレート S
701 ②
700 ②
701 ②
500 ①
ストレート S
小巻 café Demi 12 ①
701 ①
ソワエ 622 ①
右の花と同じ色
全て4本取り
DMC 5番 959 ①
ソワエ 622 ②

アウトラインステッチ（ステッチ説明画像は 2 本取り）

  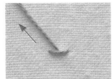 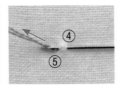 

1 ①から針を出し、一目先の②に針を寝かせたまま入れて半目戻った③に針を出す

2 針をなるべく水平にしたまま左に引き抜く。針を引き抜いている途中の様子

3 ②の糸を引き抜いたところ。引き抜いた糸は必ず①〜②に渡る糸の上側に出す

4 また一目先④に針を入れて半目戻った⑤（1-②と同じ場所）から針を出す

5 最後は一目先に針を垂直に入れる

角の刺し方

 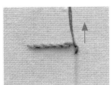  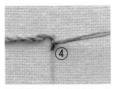 

1 角になる部分から一目分先の①に針を入れ、角になるところの②から針を出す

2 角を調整しながらそのまま上に針を引き抜く

3 糸を引いたらそのまま角の奥③に針を入れる

4 1-①から半目戻ったところ④から針を表に出す

5 そのままアウトラインステッチを続ける

いろいろな **アウトライン ステッチ**

※指定以外のステッチはアウトラインステッチ、メーカー表記のない糸は COSMO 25番刺繍糸

小巻 café Demi 15 ①

ストレート S

小巻 café Demi 25 ①

684 ①

500 ①
ストレート S

MOCO 820 ①
（P87 細線箇所）

MOCO 806 ①

895 ②サテン S

MOCO 820 ①
ストレート S

ソワエ 501 ③

MOKUBA182 ①

Sara 12 ①

DMC 5 番 402 ①

コーチングステッチ （ステッチ説明画像は2本取り）

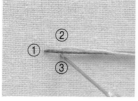  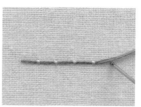 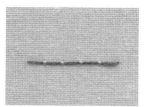

1 ①から針を出した糸は図案に沿わせ置いておく。別の糸で①から出ている糸を留めるように②から出し③に入れる

2 これを繰り返す

3 刺し終わりは図案の終点に針を入れる

4 コーチングステッチの完成

Stitch One Point

- 線の糸と留める糸は、本数や色を同じにしなくても OK。いろいろな組み合わせを試してみよう！
- 留め糸の間隔も、もちろん自由。幅を広げたり細かく留めたり、自由な発想で楽しもう！

いろいろなコーチングステッチ

※指定以外のステッチはコーチングステッチ、メーカー表記のない糸はOLYMPUS 25番刺繍糸

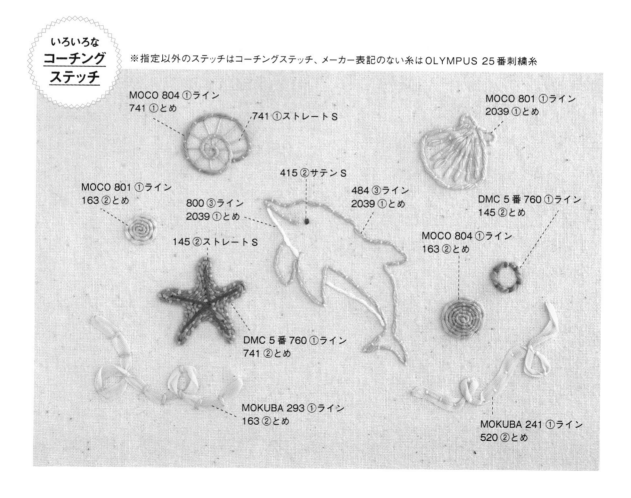

MOCO 804 ①ライン
741 ①とめ

741 ①ストレートS

MOCO 801 ①ライン
2039 ①とめ

MOCO 801 ①ライン
163 ②とめ

415 ②サテンS

800 ③ライン
2039 ①とめ

484 ③ライン
2039 ①とめ

DMC 5番 760 ①ライン
145 ②とめ

145 ②ストレートS

MOCO 804 ①ライン
163 ②とめ

DMC 5番 760 ①ライン
741 ②とめ

MOKUBA 293 ①ライン
163 ②とめ

MOKUBA 241 ①ライン
520 ②とめ

サテンステッチ （ステッチ説明画像は 2 本取り）

裏面のようす

1 図案の中心の①から針を出し、図案の端②まで一目で刺す。①のすぐ隣の③から針を出し、②のすぐ隣の④まで一目で刺す。この手順で端まで刺し埋めていく

2 中心から端に向かって刺し進めていくのは、図案のバランスを整えながら刺すことができるから。端まで刺し終わったら裏面の糸に針をくぐらせて刺し始めの位置に戻る

3 ◻1-①のすぐ隣から表に針を出し、同じように反対側も刺し埋める

4 サテンステッチの完成

Stitch One Point

- 針は垂直に出し入れするとステッチがふっくらと仕上がる

- 手順2では左右どちらに刺し進めても OK

- 糸を 2 本以上使用する場合、糸のねじれを直しながら刺すと綺麗な面に仕上がる

- 大きな図案でサテンステッチを使いたいとき、一目が長くなりすぎると糸が浮いてしまう可能性があるので、一目の長さは 1.5cm くらいまでを目安にするといい。糸が浮いてしまうと引っかかりやすくなるなど、見栄えがあまりよくない

- それ以上長くなる場合は、無理にサテンステッチを使わないようにする。または刺繍したあと、どんなものに仕立てるか、糸が浮いても問題がないものであれば、大きな図案でも気にせず使ってみるのもいいかもしれない。自分で試してみながら、図案に合う一目の長さを探してみよう！

いろいろな サテン ステッチ

※指定以外のステッチはサテンステッチ、メーカー表記のない糸は OLYMPUS 25 番刺繍糸

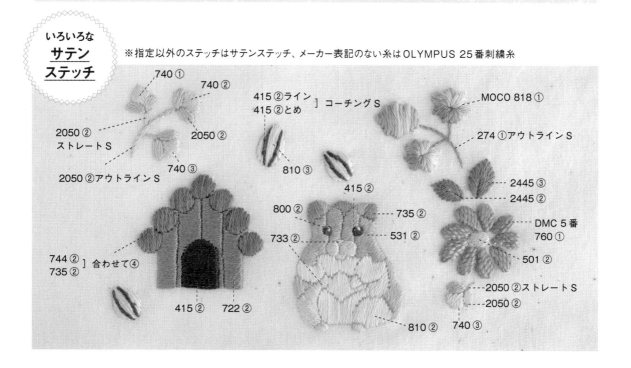

ロング＆ショートステッチ （ステッチ説明画像は2本取り）

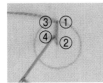 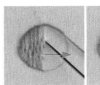 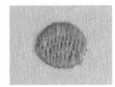

■ 図案の中心の①から針を出し②に針を入れ、①のすぐ隣の③から出し④に入れる

② この手順で、中心から端に向かって1段目は一目の長さを【長い・短い】と交互に刺していく。端まで刺したら2段目は中心に刺し戻る。1段目に針を刺したところから針を出し、図案に合わせて一目の長さを変えて刺す

③ 半分刺したら1段目に戻り、同じように1段目は【長い・短い】と一目の長さが交互になるように刺す。同じように2段目以降を刺す

④ ロング＆ショートステッチの完成

Stitch One Point

- 面を埋めるステッチでは、針は垂直に出し入れするとステッチがふっくらと仕上がる

- ロング＆ショートステッチでも一目は長くても1.5cmくらいまでを目安にする（詳細は前頁サテンステッチのワンポイント欄を参照）

- 中心から端に向かって刺し進めていくと、図案のバランスを整えながら刺すことができる。左右どちらに刺し進めるかは自由！

- 1段目が端まで刺し終わったら、サテンステッチのように裏面に糸をくぐらせて中心に戻り、1段目を全て刺し終えてから2段目以降を刺してもOK。刺し進め方は自由！

- 2段目以降は一目の長さはきれいに揃える必要はなく、ランダムな長さで図案を埋めるように刺していくのが、どうぶつ刺繍でのコツ

- 糸を2本以上使う場合、糸のねじれを直しながら刺すと綺麗な面に仕上がる

いろいろな
ロング＆ショートステッチ

※指定以外のステッチはロング＆ショートステッチ、メーカー表記のない糸はCOSMO 25番刺繍糸

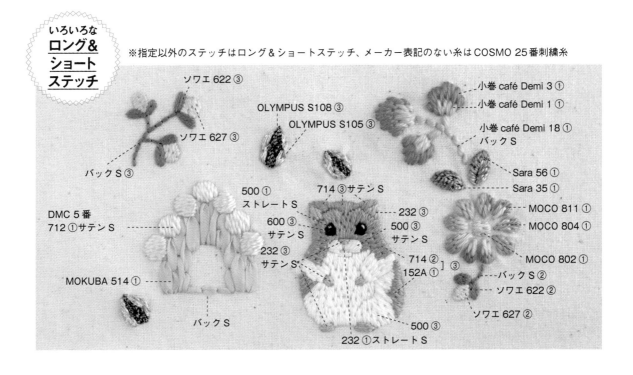

ソワエ 622 ③
ソワエ 627 ③
バック S ③
OLYMPUS S108 ③
OLYMPUS S105 ③
小巻 café Demi 3 ①
小巻 café Demi 1 ①
小巻 café Demi 18 ①
バック S
Sara 56 ①
Sara 35 ①
MOCO 811 ①
MOCO 804 ①
MOCO 802 ①
バック S ②
ソワエ 622 ②
ソワエ 627 ②
500 ① ストレート S
714 ③ サテン S
232 ③
600 ③ サテン S
500 ③ サテン S
232 ③ サテン S
714 ②
152A ①
DMC 5番 712 ① サテン S
MOKUBA 514 ①
バック S
500 ③
232 ① ストレート S

バスケットステッチ（ステッチ説明画像は2本取り）

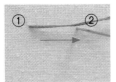 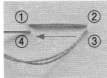 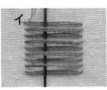 

1 ①から針を出し、②に針を入れる

2 ①〜②の糸に平行になるよう、③〜④と糸を渡らせて刺していく。これを繰り返す

3 横糸を刺し終わったら縦糸を刺す。イから針を出し、縦糸は横糸に対して交互に針をくぐらせていく

4 横糸の端まで来たら、針を口に入れる。ハから針を出し、横糸に対して交互に針をくぐらせていく。このとき、イ〜口に渡る糸とは逆にくぐらせる。これを繰り返してバスケットステッチの完成

Stitch One Point

- 針をくぐらせるとき、先の尖っていないクロスステッチ針を使うと刺しやすい
- 糸を2本以上使用する場合、糸のねじれを直しながら刺すと綺麗な面に仕上がる
- 縦糸と横糸は本数や色を自由に選んでOK。またそれぞれ糸幅も工夫して、様々な表情を楽しもう！

いろいろなバスケットステッチ

※指定以外のステッチはバスケットステッチ（タテヨコ表記のないものは同じ糸と本数）、メーカー表記のない糸はCOSMO 25番刺繍糸

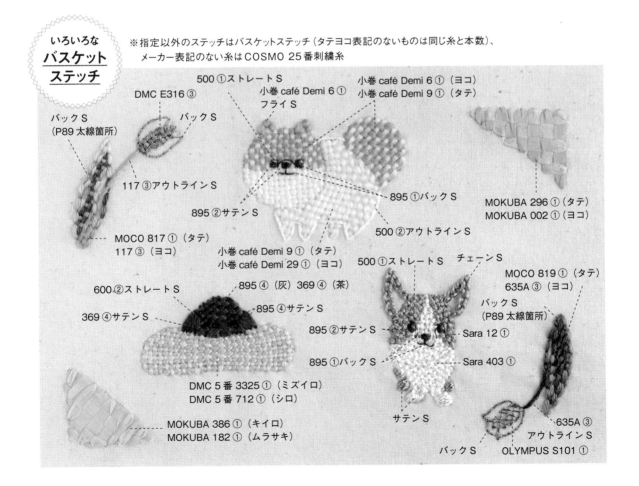

DMC E316 ③

バック S
（P89 太線箇所）

バック S

117 ③アウトライン S

MOCO 817 ①（タテ）
117 ③（ヨコ）

500 ①ストレート S
小巻 café Demi 6 ①
フライ S

小巻 café Demi 6 ①（ヨコ）
小巻 café Demi 9 ①（タテ）

895 ②サテン S

895 ①バック S

500 ②アウトライン S

MOKUBA 296 ①（タテ）
MOKUBA 002 ①（ヨコ）

600 ②ストレート S

369 ④サテン S

小巻 café Demi 9 ①（タテ）
小巻 café Demi 29 ①（ヨコ）
895 ④（灰）369 ④（茶）

895 ④サテン S

895 ②サテン S

895 ①バック S

DMC 5番 3325 ①（ミズイロ）
DMC 5番 712 ①（シロ）

MOKUBA 386 ①（キイロ）
MOKUBA 182 ①（ムラサキ）

500 ①ストレート S　チェーン S

MOCO 819 ①（タテ）
635A ③（ヨコ）

バック S
（P89 太線箇所）

Sara 12 ①

Sara 403 ①

サテン S

635A ③
アウトライン S

バック S　OLYMPUS S101 ①

フレンチノットステッチ （ステッチ説明画像は2本取り）

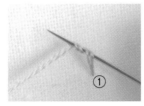   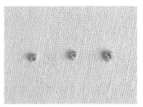

1 ①から針を出し、針に糸を巻きつける

2 巻きつけた糸を引き、①の位置から少し離れた②に針を入れる

3 **2**-②で刺した針は布に対して垂直に刺し、ゆっくりと下に引き抜く

4 フレンチノットステッチの完成

Stitch One Point

- 糸を巻きつける回数に決まりはないので、好きな回数で刺してみよう！
- 手順**2**で糸を引く力加減や巻きつける回数で、玉の大きさを調整する。強く引きすぎると針を引き抜くのが難しくなるので注意。また大きな緩めの玉を作りたいときは優しく引くなど、いろいろ試してみよう！

いろいろな 点の ステッチ

※指定以外のステッチはフレンチノットステッチ（2回巻き）、メーカー表記のない糸はOLYMPUS 25番刺繍糸

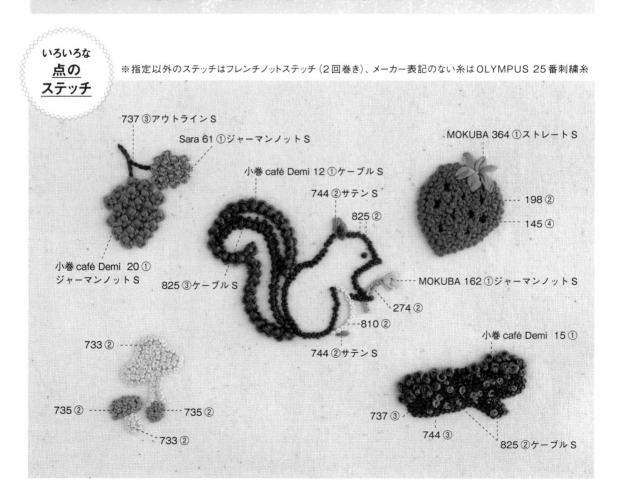

737 ③アウトライン S
Sara 61 ①ジャーマンノット S
小巻 café Demi 12 ①ケーブル S
744 ②サテン S
825 ②
MOKUBA 364 ①ストレート S
198 ②
145 ④
小巻 café Demi 20 ①ジャーマンノット S
825 ③ケーブル S
MOKUBA 162 ①ジャーマンノット S
274 ②
810 ②
744 ②サテン S
小巻 café Demi 15 ①
733 ②
735 ②
735 ②
733 ②
737 ③
744 ③
825 ②ケーブル S

ジャーマンノットステッチ （ステッチ説明画像は4本取り）

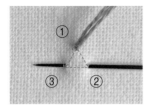

1 ①から針を出し、針を寝かせて②に入れ、③から出す。①②③の位置が三角形になるように

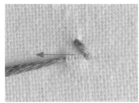

2 そのまま左方向へ針を引き抜く

3 ①〜②に渡る糸に針をくぐらせる

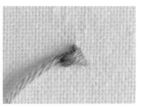

4 そのまま針を優しく引き抜く

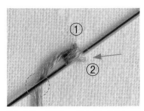

5 もう一度①〜②に渡る糸に針をくぐらせる。このとき 3 でくぐらせた糸より下側でくぐらせること。また 4 で引き抜いた糸の上に針を出すこと

6 そのまま針を優しく引き抜く

7 ④の位置に優しく針を入れる。ひし形をイメージすると良い

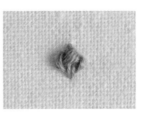

8 ジャーマンノットステッチの完成

Stitch One Point

- ちょっと手順が複雑なステッチ。よくよく手順を確認しながら針や糸の位置を確認しよう！
- 糸を引くときは本当に優しくふわっと。玉の大きさを見ながら、好みの大きさのところで糸を引くのをやめましょう。強く引きすぎないのが可愛く仕上げるコツ

応用 ケーブルステッチ

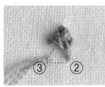
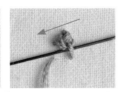

1 ジャーマンノットステッチの手順 6 のあと、手順 1 - ②に戻り、そこから同じ手順で刺す

2 ジャーマンノットステッチの手順 6 と同じところ

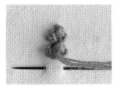

3 これを繰り返す

4 刺し終わりはジャーマンノットステッチの手順 7 と同じ位置に針を刺す

Stitch One Point

- 点を繋げることで、線のステッチとしても使えます
- ケーブルステッチの繋ぎ方はP37を参照

単体または組み合わせて形を描くステッチ

フライステッチ （ステッチ説明画像は2本取り）

 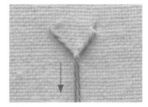 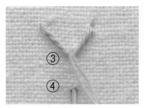 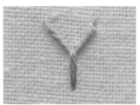

1 ①から針を出し、②に入れ③の位置に針を出す。①から出ている糸を針の下に通す

2 そのまま針を真下に引き抜き、糸を引く

3 ④の位置に針を刺す。ここでの一目の長さ（③から④の長さ）は自由。長くても短くてもOK！

4 フライステッチの完成

応用 フェザーステッチ

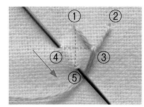 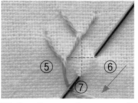  

1 フライステッチの手順2のあと、④に針を入れ⑤から出し、③から出ている糸を針の下に通してから針を引きぬく

2 ⑥に針を入れ⑦から出し、⑤から出ている糸を針の下に通してから針を引きぬく。これを繰り返す

3 刺し終わりはフライステッチと同じ

4 フェザーステッチの完成

いろいろなフライ・フェザーステッチ

※指定以外のステッチはフライステッチ、メーカー表記のない糸はCOSMO 25番刺繍糸

フェザーSの要領で、それぞれ左右に2回ずつ同じ方向に刺すステッチ

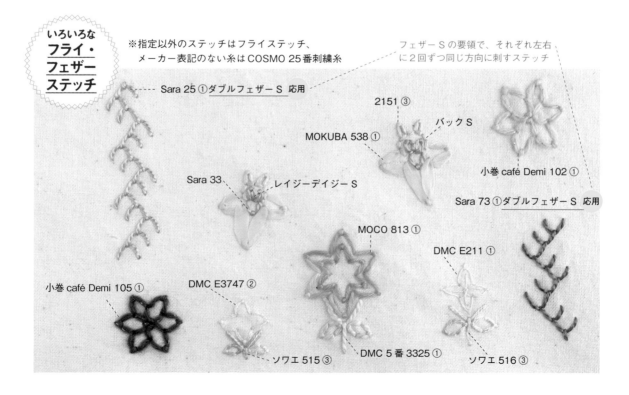

- Sara 25 ① ダブルフェザーS 応用
- 2151 ③
- MOKUBA 538 ①
- バックS
- 小巻 café Demi 102 ①
- Sara 33
- レイジーデイジーS
- Sara 73 ① ダブルフェザーS 応用
- MOCO 813 ①
- DMC E211 ①
- 小巻 café Demi 105 ①
- DMC E3747 ②
- ソワエ 515 ③
- DMC 5番 3325 ①
- ソワエ 516 ③

バリオンステッチ（ステッチ説明画像は３本取り）

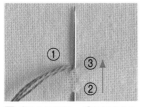
1 ①から針を出し、②に針を入れ、①と同じ場所③から針を出す

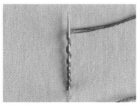
2 ①から出た糸を針に巻きつける

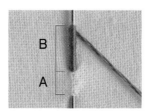
3 巻きつけながら糸を付け根に寄せていく。Bの長さはAより2～3回巻き長くなるようにする

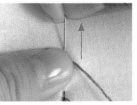
4 糸を付け根に寄せたら指でそっと押さえ、そのまま反対の指で針を引き抜く

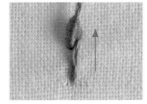
5 指を離し、糸を優しく引きながら形を整える

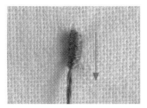
6 引き抜いた糸を真下に移動させる

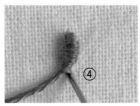
7 ②と同じ場所④に針を入れる

8 バリオンステッチの完成

Stitch One Point

- 糸を強くぎっちり巻きつけると針を引き抜くのが難しくなり、巻きつけた糸が崩れてしまう可能性がある
- Aの長さに対してBの長さを変えることでステッチの表情が変わる。いろいろな長さで試してみよう！

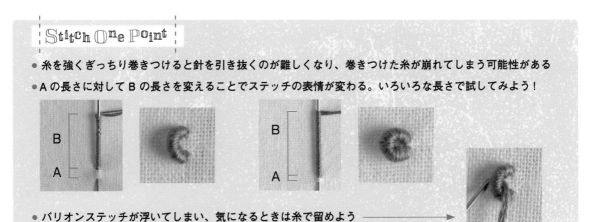

- バリオンステッチが浮いてしまい、気になるときは糸で留めよう ➡

いろいろな バリオン ステッチ

※指定以外のステッチはバリオンステッチ、メーカー表記のない糸はCOSMO 25番刺繍糸

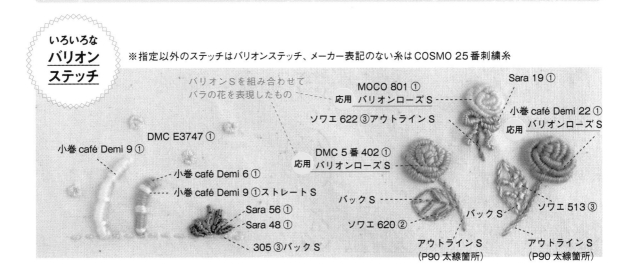

バリオンSを組み合わせてバラの花を表現したもの

MOCO 801 ①
応用 バリオンローズS

Sara 19 ①

小巻 café Demi 22 ①
応用 バリオンローズS

ソワエ 622 ③アウトラインS

DMC E3747 ①

小巻 café Demi 9 ①

DMC 5番 402 ①
応用 バリオンローズS

小巻 café Demi 6 ①

小巻 café Demi 9 ①ストレートS

バックS

ソワエ 513 ③

Sara 56 ①

Sara 48 ①

ソワエ 620 ②

バックS

305 ③バックS

アウトラインS
（P90 太線箇所）

アウトラインS
（P90 太線箇所）

レイジーデイジーステッチ（ステッチ説明画像は2本取り）

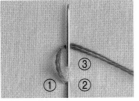  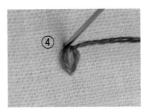 

1 ①から針を出し、同じ場所②に針を入れ、③から出す。①から出ている糸を針の裏に通す

2 針を上方向に引き抜く

3 ④の位置に針を垂直に入れる

4 レイジーデイジーステッチの完成

Stitch One Point

● 手順**2**で糸を引く力加減で、ステッチの形が変化する。しっかり引くと細く、緩く引くと丸っこくなるので、いろいろな力加減で試してみよう！

● レイジーデイジーとストレートステッチを組み合わせたステッチ。
ストレートステッチを中に刺すか上に重ねて刺すか、
色を変えるか同じにするか……様々にアレンジして楽しもう！

応用 ダブルレイジーデイジーステッチ

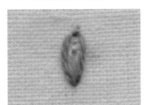

レイジーデイジーの中にもうひとつ
レイジーデイジーステッチをする

いろいろな レイジー デイジー ステッチ

※指定以外のステッチはレイジーデイジーステッチ、メーカー表記のない糸はCOSMO 25番刺繍糸

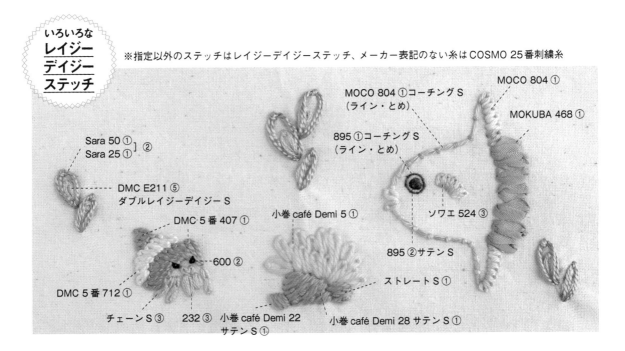

Sara 50 ①
Sara 25 ① } ②

DMC E211 ⑤
ダブルレイジーデイジー S

DMC 5番 407 ①

600 ②

DMC 5番 712 ①

チェーン S ③　　232 ③　　小巻 café Demi 22
サテン S ①

小巻 café Demi 5 ①

小巻 café Demi 28 サテン S ①

MOCO 804 ①コーチング S
（ライン・とめ）

895 ①コーチング S
（ライン・とめ）

MOCO 804 ①

MOKUBA 468 ①

ソワエ 524 ③

895 ②サテン S

ストレート S ①

チェーンステッチ （ステッチ説明画像は 2 本取り）

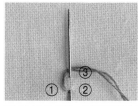
1 ①から針を出し、同じ場所②に針を入れ、一目先の③から針を出す。①から出ている糸を針の裏に通す

2 針を上方向に引き抜く

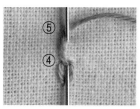
3 ④（1-③と同じ場所）に針を入れ、一目先の⑤から針を出す。④から出ている糸を針の裏に通す

4 針を上方向に引き抜く。これを繰り返す

5 刺し終わりはチェーンの輪を留めるように、輪の向こう側に針を垂直に入れる

6 チェーンステッチの完成（三目刺した様子）

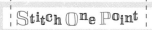

Stitch One Point
● チェーンステッチは太めの線に仕上がるので、面を埋めるステッチとして使われることも多い

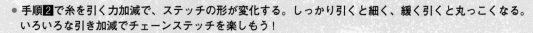

Stitch One Point
● 手順2で糸を引く力加減で、ステッチの形が変化する。しっかり引くと細く、緩く引くと丸っこくなる。いろいろな引き加減でチェーンステッチを楽しもう！

● チェーンステッチを繋げたいときは…

1 刺し始めのチェーンの下に針をくぐらせる

2 最後のチェーンの針を出した場所に針を入れる

角の刺し方

1 角に差し掛かったら、チェーンの輪を留めるように輪の向こう側に針を垂直に入れる。このとき<u>角になる位置</u>に針を入れる

2 角前の最後のチェーンの中から針を出し、進行方向へチェーンステッチを刺し進める

スプリットステッチ （ステッチ説明画像は4本取り）

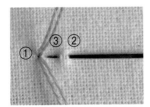 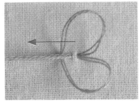  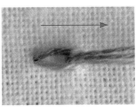

1 ①から針を出し、糸を2本ずつ上下に分ける。一目先の②に針を入れ、一目分の1/3ほど戻った③から針を出す

2 そのまま進行方向とは逆の方向へ針を引き抜く。引き抜いている途中の様子

3 最後まで引き抜いた様子

4 ③で引き抜いた糸を進行方向に持ってくる

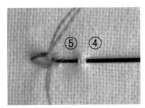 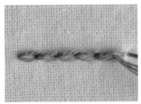

5 そこからまた糸を2本ずつ上下に分け、一目先の④に針を入れ、一目分の1/3ほど戻った⑤から針を出す。このあと手順2～4を繰り返す

6 刺し終わりは一目分の1/3ほど先へ針を入れる

Stitch One Point

● チェーンステッチと同じように見えるが刺し方は全く違う。ステッチ工程をよく確認しながら刺してみよう！

いろいろな チェーン ステッチ

※指定以外のステッチはチェーンステッチ、メーカー表記のない糸はDMC 25番刺繍糸

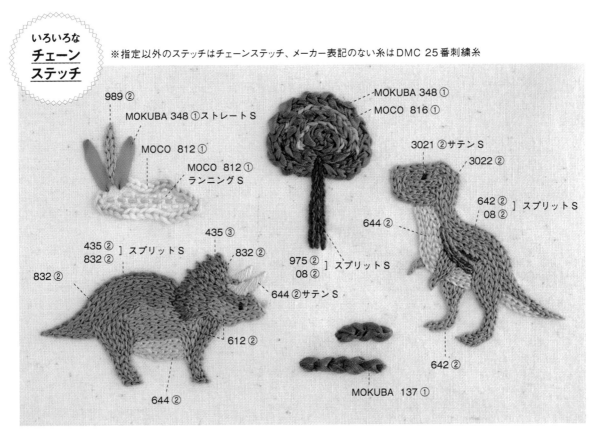

989②
MOKUBA 348 ①ストレートS
MOCO 812 ①
MOCO 812 ①
ランニングS

MOKUBA 348 ①
MOCO 816 ①

3021②サテンS
3022②

642②
08②　スプリットS

644②

435② スプリットS
832②

832②

435 ③
832②

975②
08②　スプリットS

644②サテンS

612②

642②

644②

MOKUBA 137 ①

030

ブランケットステッチ （ステッチ説明画像は 2 本取り）

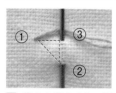 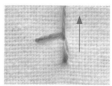 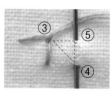 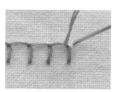 

1 ①から針を出し、②に針を入れ、③から出す。①から出ている糸を針の裏に通す

2 針を上方向に引き抜く

3 ④に針を入れ、⑤から出す。③から出ている糸を針の裏に通す。これを繰り返す

4 刺し終わりは角になる位置に針を垂直に入れる

5 ブランケットステッチの完成

応用 ボタンホールステッチ

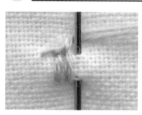

間隔を狭めて刺したブランケットステッチを、ボタンホールステッチという

Stitch One Point

● ボタンホールステッチ（ブランケットステッチも同じ）を繋げたいときは……（P51 にも解説あり）

1 反時計回りに刺し進める。ぐるっと一周し、刺し始めの一目手前の位置でブランケットステッチの手順②と同じ状態にし、刺し始めの糸(赤点線)に上から針をくぐらせる

2 ステッチと合わせて適切な長さで針を入れる

3 ボタンホールステッチが繋がった様子。実際にボタンを通すときは、真ん中の布をカットする

いろいろな ブランケット ステッチ

※指定以外のステッチはブランケットステッチ、メーカー表記のない糸はDMC 25番刺繍糸

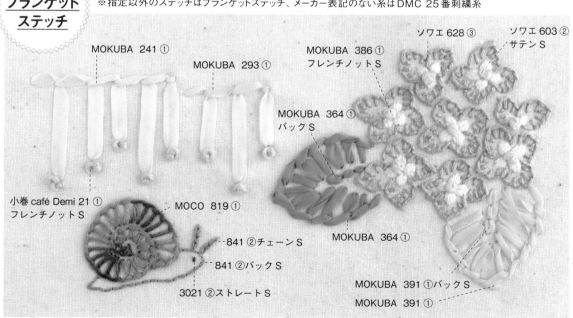

MOKUBA 241 ①
MOKUBA 293 ①
MOKUBA 386 ①
フレンチノット S
ソワエ 628 ③
ソワエ 603 ②
サテン S
MOKUBA 364 ①
バック S
小巻 café Demi 21 ①
フレンチノット S
MOCO 819 ①
841 ②チェーン S
841 ②バック S
3021 ②ストレート S
MOKUBA 364 ①
MOKUBA 391 ①バック S
MOKUBA 391 ①

スミルナステッチ（ステッチ説明画像は２本取り）

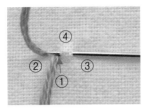

1 ①から針を入れて②から表に出し、一目先の③から針を入れ、半目戻った④（①と同じ場所）から出す。①の糸は必要な長さ残しておく

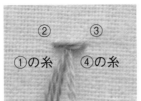

2 ④から出した針を引いたところ。④の糸は②～③に渡る糸の下側に出す

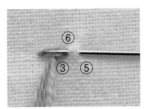

3 ④から一目先の⑤に針を入れ、半目戻った⑥（**1**-③と同じ場所）から出す

4 ⑥から出した針を引いたところ。最後まで糸を引かずループを残す

5 ⑥から一目先の⑦に針を入れ、半目戻った⑧（**3**-⑤と同じ場所）から出す

6 ⑧から出した針を引いたところ。⑧の糸は⑥～⑦に渡る糸の下に出す。【糸を最後まで引く→ループを残す】を繰り返す

Stitch One Point

- カットした糸や、残したループの大きさなど、揃えるも揃えないも仕上げたい作品のイメージに合わせて自由な発想でステッチを楽しもう！

ループを残す場合

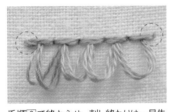

手順**6**で終わらせ、刺し終わりは一目先に針を入れて糸を引く。手順**1**-①での刺し始めの糸は、半目戻った位置に針を入れ、裏糸にくぐらせて処理をする

ループをカットする場合

手順**1**-①で残しておいた刺し始めの糸と、手順**6**でステッチを終わらせた刺し終わりの糸は、ループと同じ長さでカットする

いろいろなスミルナステッチ

※指定以外のステッチはスミルナステッチ、メーカー表記のない糸はDMC 25番刺繍糸

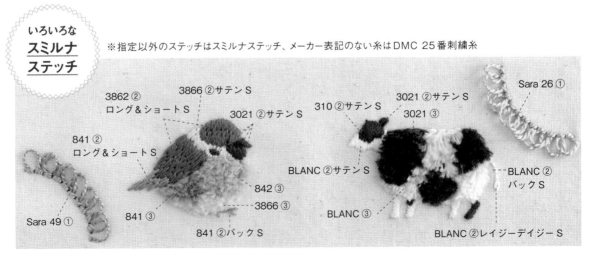

3862② ロング＆ショートS
3866②サテンS
3021②サテンS
841② ロング＆ショートS
842③
3866③
841③
841②バックS
Sara 49①
310②サテンS
3021②サテンS
3021③
BLANC②サテンS
BLANC③
BLANC② バックS
BLANC②レイジーデイジーS
Sara 26①

3章

ステッチを組み合わせて描く

どうぶつたちの図案

線で描くキラキラの世界

ステッチ	使用糸	使用布
2種類 ・バックステッチ ・サテンステッチ	**OLYMPUS 25番** 735 733 740 415 722 163 600 314 520 484 S105（ラメ） ▶巻末図案 P92	リネン

水で消えるチャコペンで下書きすると、刺し進める角度が分かりやすくなる

初心者さんでも始めやすい、線で描くどうぶつ刺繍。サテンステッチとバックステッチの練習にも！

丸を上手に刺すコツ

1 丸を上手に刺すコツは、頂点からすぐに角度を下げないこと。緩やかに角度を下げていくと綺麗な丸になる

2 針を垂直に出し入れすることで、ペタッとせずにふっくらした仕上がりになる

ダイヤ

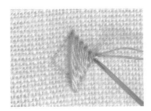

ダイヤを縦にサテンSする場合は、最後の一目をかなり短めにすると綺麗な形に仕上がる

ラメ糸

1 ラメ糸2本取りのバックSは糸がズレやすいので、一目一目針を上下に出し入れして、糸を揃えながら刺し進めると良い

2 端まで刺したら中心に戻る

3 中心から左右にそれぞれステッチを進める

4 中心から刺し進めることによって裏側も同じ形になる

生地が厚く、表から見て裏側が透けない場合は中心に戻らず、端から刺し進めてもOK！

猫さんのマイルーム

ステッチ	使用糸	使用布
3種類 ・バックステッチ ・ケーブルステッチ ・ジャーマンノットステッチ	**DMC 25 番** 840 3866 ▶ 巻末図案 P93	**リネン**

猫

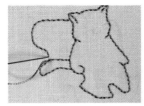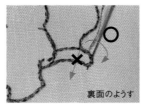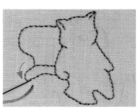

なるべく一筆書きになるように考えながらステッチを進める。そして裏側もそのまま突っ切るのではなく、裏糸に通して次に進むように刺繍すると、薄い生地でも透けたときに見栄えが良くなる

絨毯

1 布の持ち方を90度変える。ケーブルSの刺し方はP25参照

2 「c」の文字（それぞれのアルファベット）のカーブに合わせて、布をすくう角度を変えていく。「a」や「t」は 2 画で刺すと良い

ケーブルステッチの糸の繋ぎ方

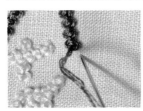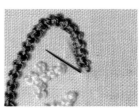

1 糸が短くなってきたら、ケーブルSの手順1-②のところで針を落とす（P25参照）

2 短くなった糸を裏糸に通して処理をし、新しい糸を裏糸に往復させて繋ぐ

3 ケーブルSの手順1-③のところから針を出し、続けて刺し進める

春の色とうさぎさん

ステッチ	使用糸	使用布
3 種類 ・コーチングステッチ ・レイジーデイジーステッチ ・ダブルレイジーデイジース 　テッチ	**COSMO 25 番** 895 364 152A 2151 232 367 715 316A 762 572 682 116 535 317 127 383 **MOKUBA（リボン）** 429 356 470 ▶ 巻末図案 P94	**リネン**

リボンの刺し始めの準備

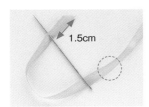

1.5cm

1 リボンは先端を斜めにカット
し、針にリボンを通したら先端か
ら約1.5cmのところに針を刺し、
丸囲み部分のリボンを引っ張る

2 このようにしてから刺し始め
ると、リボンが針から抜けずに
刺繍ができる

リボン刺繍でも、刺し始め・刺し終わりは
P12 〜 13 と同じようにする。
リボンの繋ぎ方は P49 を参照。

うさぎさん、お花、ニンジン、
草、蝶々、どれでも好きな図案から
刺し始めてみよう！

リボン刺繍のポイント

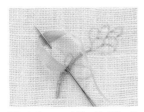

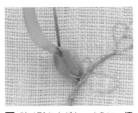

1 リボンのレイジーデイジー S
ではリボンをねじらないように気
をつけよう

2 強く引きすぎないように、優
しくほどよいところで留める

手順のポイント

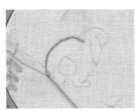

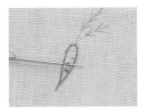

うさぎさんやニンジンは全体の輪郭のコーチングSから刺し始めま
しょう

黄色のお花

1

2

3

4

上からレイジーデイジー Sを重ねて刺し、花びらを表現する

Dog and fruit pattern

ステッチ	使用糸	使用布
3 種類 ・アウトラインステッチ ・ランニングステッチ ・サテンステッチ	**DMC 25 番** 435 839 350 352 746 727 ▶ 巻末図案 P95	**リネン**

犬

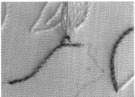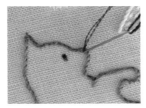

1 アウトラインSの角の刺し方（P19）を参照に刺すと、先の尖った耳のステッチができあがる

2 鼻のサテンSは、アウトラインSの上から刺す

> 犬、リンゴ、バナナ、それぞれワンポイントで刺繍しても楽しめるよ！

リンゴ

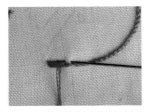

アウトラインSを2列重ねて刺す。外側を刺してから内側を刺繍するとやりやすい

バナナ

ここのランニングSは規則正しくではなく、ランダムに長さも揃えないほうがバナナらしさがでるので、気楽にステッチしよう

裏側も綺麗に仕上げるポイント

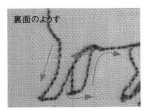

裏面のようす

なるべく一筆書きになるように、近い部分は裏糸を通って戻って、ステッチを進めていく

裏面のようす

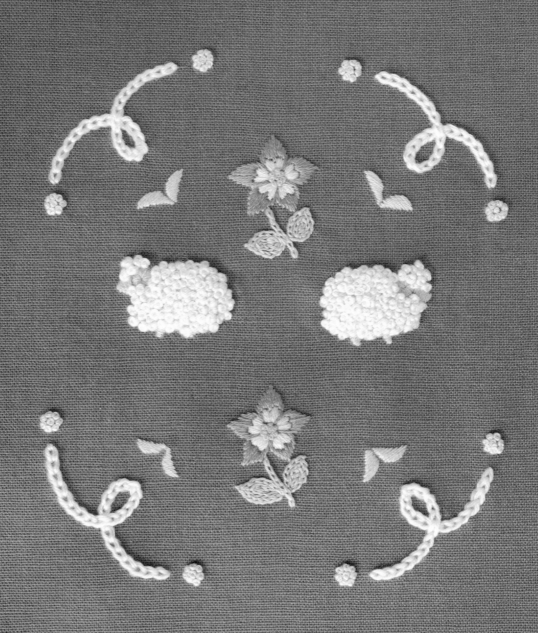

Sheep tile pattern

ステッチ	使用糸	使用布
3種類 ・サテンステッチ ・フレンチノットステッチ ・チェーンステッチ	**OLYMPUS 25 番** 531 741 314 310 484 **小巻 Café Demi**　9 ▶ 巻末図案 P96	**麻綿** **キャンバス**

羊

1 角のサテンSは、外側から中心に向かって刺していくと角度やバランスが取りやすい

2 全て同じ長さで刺すと中心がきつくなってしまうので、途中途中で一目の長さを短くする

3 端まで刺し終わったら、真ん中に戻って刺し進める

4 角、顔、足を刺して、その上からかぶせるようにフレンチノットSを刺していく。ウール糸を使う場合は太めの針を使いましょう

濃い色の布を使う場合は、複写紙は白色を使いましょう。

ウール糸ではなく25番刺繍糸を使う場合は、糸の取り本数を増やして刺繍してみましょう。

青い花

内側の水色から刺して、そのあとに外側の青の部分を刺していく。そのあとに、中心のフレンチノットSを刺して埋めていく

そよ風を泳ぐアザラシとハンネマニア

ステッチ	使用糸	使用布
4 種類 ・ロングショートステッチ ・アウトラインステッチ ・サテンステッチ ・ストレートステッチ	**Sara** 生成 403 55 **DMC 5 番** 451 453 **COSMO 25 番** 895 ▶ 巻末図案 P97	リネン

アザラシ

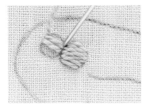   

1 口周りの丸いサテンSを横方向に刺すところから始める

2 顔の周りはガイドラインになるよう、ストレートSを初めに刺す

3 ガイドラインに合わせながらロング＆ショートSを刺し進める。角度が変わるときは一目を短めに意識すると、自然な仕上がりに

4 ロング＆ショートSの上からストレートSを刺す

ハンネマニア

1 花びらの角をしっかり刺す（P19参照）ことで、形にメリハリをつける

2 花びらの輪郭のアウトラインSより、内側の模様のアウトラインSは一目を長めにして刺す

3 めしべの柱頭は一目をなるべく短めに刺す

使うステッチは同じ4 種類でも、図案によってステッチを変えると雰囲気が変わります。これも刺繍の楽しみ方のひとつ。

【使用糸】
灰：Sara 35　黒：Sara 402
あざらしの体毛：DMC25番 BLANC
その他同じ

雨上がりのほほえみ

ステッチ	使用糸	使用布
3種類 ・チェーンステッチ ・フライステッチ ・ストレートステッチ	**COSMO 25 番** 　2151 317 369 662 　525 316A 382 **Soie et（ソワエ）** 　516 　　　▶巻末図案 P98	**フェルト**

刺繍前のポイント

1 図案写しはキルターズシークレット（P10参照）を使用。しつけ糸で全体が固定されるように縫いつける

2 枠に収まらない端っこは、端切れを縫い足す

刺繍が終わったら

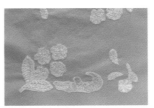

刺繍に沿って余分な部分をカットしてから水洗いする（使用方法は説明書をよく読んでください）

ワニ

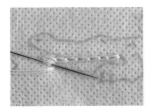

1 下あごは輪郭から刺し始め、中を埋めるように刺し進める

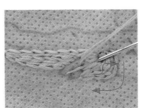

2 足は付け根から指先へ、指先でいったん針を落とし、指先から付け根へと上下に刺し進める

3 体全体は輪郭を刺してから中を埋めるように刺し進める

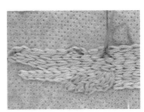

4 チェーンSの上から目、鼻、背中の模様を刺す

プルンバーゴ

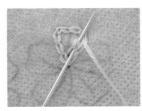

1 花びら1枚ずつ輪郭を刺してから中を埋める

2 大きい葉っぱは角で一度針を落とすようにする（角の刺し方はP29参照）

3 花や葉っぱの模様もチェーンSの上から刺す

しろくまさん夏の楽しみ

ステッチ	使用糸	使用布
4 種類 ・サテンステッチ ・ブランケットステッチ ・ジャーマンノットステッチ ・バックステッチ	**COSMO 25 番** 　151 500 572 2981 127 2307 895 715 **MOKUBA（リボン）** 　037 293 538 356 317 429 **MOCO** 812 　　　　　▶ 巻末図案 P99	リネン

サーフボード・しろくま

1 リボンのストレートSでは、リボンに針を刺すことで、ねじれを防いで均一に刺すことができる

2 サーフボード、しろくまの顔・手・足、しろくまの服の順に刺す。各所のバックSは、それぞれのサテンSを刺してから刺す

3 鼻は最後に糸の上から刺す。水で消えるチャコペンで描いてから刺すと刺しやすい

リボンの繋ぎ方

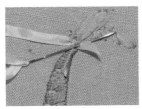 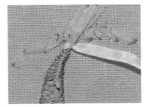

裏糸に通してからリボンの端から1cmのところに針を刺し、そのまま針を引くとリボンが繋がる

リボンの刺し始めの準備は P39 参照。

ヤシの木

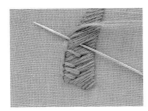  

1 ヤシの木はサテンSの上からブランケットSを刺す。一目の長さや間をランダムに

2 ジャーマンノットSは優しく針を引く。強く引きすぎるとノットが小さくなるので注意

3 リボンの上からステッチをする。優しく刺すよう心掛ける

プルメリア

花びら1枚ずつブランケットSで刺す。外側を刺してから、内側もブランケットSで刺す

ライオンさんとブルーデイジー

ステッチ	使用糸	使用布
4 種類 ・ブランケットステッチ ・レイジーデイジーステッチ ・フレンチノットステッチ ・サテンステッチ	**DMC 25 番** 　422 435 3862 842 3021 　931 503 3866 452 524 **小巻 Café Demi**　10 ▶ 巻末図案 P100	リネン

ダイヤ柄

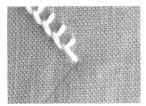
1 ダイヤ柄のブランケットSを続けて刺繍するときは、角で一旦針を落とす

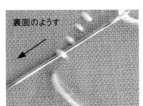
2 裏面で、一目手前の糸に針を通してひっかける

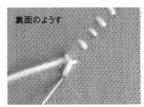
3 1で針を落とした角と同じ箇所から針を表に出す

4 表に戻し、続けてステッチをする

ブランケットステッチの糸の繋ぎ方

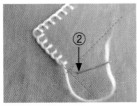
1 糸が短くなったら一目先、ブランケットSの手順1-②の部分に針を落とす（P31 参照）

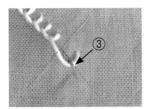
2 新しい糸は図案の少し離れたところから刺し、ブランケットSの手順1-③から針を出す

3 針を出したらステッチを続ける

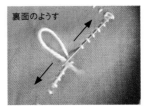
4 三〜四目刺したら、裏面にて短くなった糸、新しい糸をそれぞれ裏糸に通して処理をする

ライオンさんとブルーデイジー

1 ライオンさんは、たてがみのブランケットSを刺してから間にレイジーデイジーSを刺していく

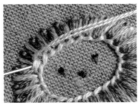
2 たてがみを刺した上から、耳を刺す

3 1、3段目の花は1同様に、ブランケットSを刺してから間にレイジーデイジーSを刺す

4 2、4段目は水色を刺してから、間に一針ずつ入れて重なるようにブランケットSを刺す

With the Earth

ステッチ		使用糸	使用布

ステッチ

13 種類
- アウトラインステッチ
- バックステッチ
- ストレートステッチ
- サテンステッチ
- ブランケットステッチ
- チェーンステッチ
- レイジーデイジーステッチ
- ダブルレイジーデイジーステッチ
- フレンチノットステッチ
- ジャーマンノットステッチ
- フライステッチ
- バリオンステッチ
- クロスステッチ

使用糸

OLYMPUS
25 番
　900 801

▶ 巻末図案 P101

使用布

リネン
キャンバス

動物

  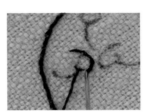 

1 鹿の模様のレイジーデイジーSは針を引きすぎないよう、形に丸みを残して針を落とす

2 鹿の角のチェーンSはなるべく針を引いて細めのチェーンになるよう意識して刺す

バックSでカーブを刺すときは、一目の長さを短く調整する

ダチョウの模様のジグザグなチェーンSは一目ごとに針を落とす

図案中心の動物から外側の動物の順で刺していくと全体のバランスがとりやすい。

ステッチの種類はたくさんあるけど、図案一つ一つの難易度はそう高くない。糸も２色しか使っていないので、気軽にステッチを楽しもう！ステッチサンプラーとしても◎

植物模様

  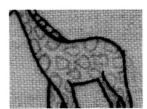

葉っぱのストレートSはブランケットSを刺してから刺す

クロスSの図案が連続で繋がっているときは、一目を連続で刺してから戻るように二目を刺す

図案が消えてしまうときは、その都度チャコペンなどで書き足して刺繍を進めよう

Baby motif

ステッチ	使用糸	使用布
4 種類 ・ロング＆ショートステッチ ・チェーンステッチ ・サテンステッチ ・バックステッチ	**DMC 25 番** 746 754 08 841 BLANC 645 3021 648 842 3756 819 761 744 4020 ▶ 巻末図案 P102	リネン

ひよこ

1 お腹周りは毛並みが末広がりになるよう、水で消えるチャコペンなどで印をつけるといい

2 印を意識してロング＆ショートSを刺し進める。基本にとらわれずザクザク刺してOK

3 羽のチェーンSは、上にかぶさるようにギリギリのラインで周りから刺す

くま

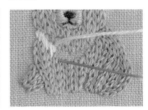

くまさんの胸元の白い部分は、最後にザクザク埋めるように刺す

ロバ

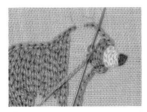

1 体のチェーンSは周囲を刺繍したあと、体を上下に往復。顔の部分ではカーブさせると自然な仕上がりになる

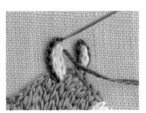

2 耳の外側はチェーンSで針を落としたあとに、内側を続けてバックSをする

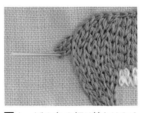

3 しっぽの色の切り替わりのチェーンSでは、既に刺したチェーンの輪の穴から針を出す

4 続けてステッチを進めると自然な繋がりになる

ラッコ

1 顔のロング＆ショートSは、外側から中心に向かい刺し進める

2 距離が短いほっぺたや顎の辺りはサテンSになってもOK。外側を一周したところで、中を埋めていく

3 体のロング＆ショートSでは、手の部分や体で毛並みの向きを変えて刺すと動物らしさが出る

羽

羽は内側の部分から刺し進める。最後に一番外側を。また一山ずつ中心から刺すとバランスが取りやすい

たまには休憩を

ステッチ	使用糸	使用布
5種類 ・サテンステッチ ・バスケットステッチ ・バックステッチ ・コーチングステッチ ・バリオンステッチ	**OLYMPUS 25番** 842 735 744 531 415 810 733 583 1027 616 163 484 739 737 722 2051 2445 310 ▶ 巻末図案 P103	**コットンリネン オーガニック**

ねこ

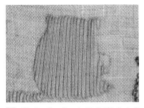 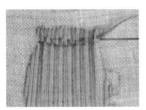 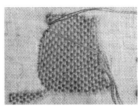

1 体のバスケットSは縦糸から始める。糸を引きすぎると布が寄れるので優しく引く

2 完全な端から刺し進めるのではなく、中心またはやや中から埋めていくとやりやすい

3 最後に周囲をバックSしながら形を整える。この場合は針を寝かせて刺すより上下に出し入れしたほうがやりやすい

インテリア

  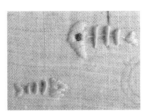 

1 お魚のモビールは、始めに中心の骨をコーチングSする

2 次にその上からバリオンSをする

3 バリオンSが終わったところ

4 骨のカーブをつけたいときは、1〜2か所優しく留めると良い

 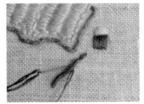

電気の傘は、周りをコーチングSしてから、中を上から詰めていくようにコーチングSする

鉛筆のバリオンSは細く長いので巻く糸の長さに注意しよう。浮いてしまう場合は優しく1〜2か所留める

他の刺繍をするときに枠でつぶれたり形が崩れることがあるので、バリオンSはなるべく全体のモチーフの中でも最後に刺繍をするようにしよう。

冬の過ごし方

ステッチ

18種類
・ロング＆ショートステッチ
・サテンステッチ
・アウトラインステッチ
・ストレートステッチ
・チェーンステッチ
・クロスステッチ
・ランニングステッチ
・バックステッチ
・コーチングステッチ
・バスケットステッチ
・フレンチノットステッチ
・ジャーマンノットステッチ
・フライステッチ
・フェザーステッチ
・バリオンステッチ
・レイジーデイジーステッチ
・ダブルレイジーデイジーステッチ
・ブランケットステッチ

使用糸

DMC 25 番
3866 645 612 3046
437 435 842
841 840 3862 3371
08 07 3859
3858 223 779 926
502 3022 3362
648 644 642
▶ 巻末図案 P104

**小巻
Café Demi**
6 9 10 11 12
15 28

MOCO
805 820

使用布
**コットンリネン
オーガニック**

キツネ

鼻先から刺し始め、頭→体→足へと向かって刺していく。色が変わる部分は先に刺した糸の上から、毛並みが馴染むように刺していく

図案一つ一つはそんなに難しくないので、お好みのステッチにアレンジしてワンポイントとして楽しんでも◎

くまの親子

口周りを刺してから顔→体の順で刺していく

インテリア

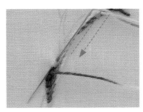 

アウトラインSを隣り合わせで刺して線を太くしていく

椅子の足のブランケットSは向かい合うようにブランケットSを2回刺す

インテリア

   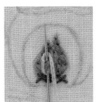 

各所の模様は先に刺した糸に重ねて上から刺していく

紅い花々と鳥たち

ステッチ	使用糸	使用布
6種類 ・チェーンステッチ ・サテンステッチ ・ストレートステッチ ・コーチングステッチ ・フレンチノットステッチ ・スプリットステッチ	**COSMO 25番** 364 2151 895 600 654 382 367 375 2424 369 715 771 683 655 ▶巻末図案 P105	**リネン**

文鳥

白文鳥の目、くちばし、足は体全体のチェーンSを刺した糸の上から重ねて刺す

桜文鳥の羽は、図案の区切り線が隙間になるように刺す。目、足は先に刺した糸の上から重ねて刺す

モモイロインコ

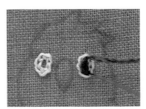 

目の周りの白い部分をチェーンSで刺してから、目のサテンSを重ねて刺す

羽は下から上へ、1枚ずつ中心線で針を落とし、葉っぱを刺すときのように一目の角度を徐々に傾けながらサテンSをする

カワセミ

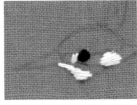 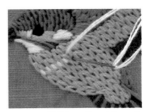

カワセミの顔は、同じ色の部分ごとに刺し埋めていく

頭のスプリットSは、くちばしに近い部分は一目〜二目で、頭のてっぺんは三目〜四目で刺す。一目の長さを短く長く調節しながら上下に刺していく

胸と羽の模様は、先に刺した糸の上から刺す

枝・花

スプリットSで刺す枝は、針を引きすぎて布が縮まないよう気をつける

彼岸花の中心の花弁は、紅いストレートSを刺した両脇に薄ピンクのストレートSを刺す

蓮華の花びらは、サテンSを刺してからチェーンSで縁取る

椿は5枚の花弁で全体を埋めた上から、ストレートSとフレンチノットSを刺す。葉の模様もサテンSの上から重ねて刺す

ふわふわ泳ぐ熱帯魚さん

ステッチ	使用糸	使用布
6種類 ・サテンステッチ ・バスケットステッチ ・ストレートステッチ ・アウトラインステッチ ・フレンチノットステッチ ・フェザーステッチ	**DMC 25番** 　3021 727 742 3806 818 　BLANC 826 645 819 25 　554 842 **MOKUBA**　356 ▶ 巻末図案 P106	リネン

キイロハギ

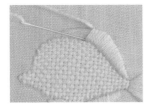 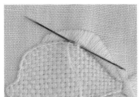  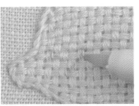

1 体のバスケットSを刺したあと、周りのヒレをサテンSで刺していく

2 間を埋めるようにアウトラインSを刺していく

3 サテンSの上から模様のストレートSを刺す

4 目とエラは図案を見ながら水で消えるチャコペンなどで印をつける

ナンヨウハギ

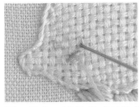 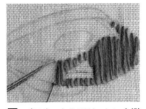 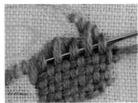 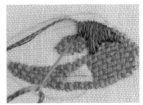

5 エラのアウトラインSは針を寝かせず、上下に出して刺すとやりやすい

1 バスケットSでは、ヒレを避けて刺し進める

2 狭い部分では針をくぐらせるのが大変になってくるので、そのときは一目ずつでOK

3 バスケットSを刺してから、サテンSで埋めていく

パープル・クイーン・アンティアス

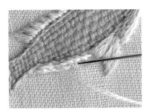

アウトラインSを詰めて刺して埋めていく

海藻

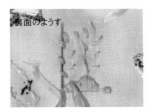

裏面のようす

リボン刺繍の裏側の処理は同じように、刺し終わったところにくぐらせる

> リボン刺繍は他の刺繍をするときに枠でリボンをつぶしてしまうことがあるので、全体のモチーフの最後に刺繍するようにしよう。

満月の夜

ステッチ

11種類
・サテンステッチ
・チェーンステッチ
・ストレートステッチ
・ランニングステッチ
・バックステッチ

・ロング＆ショートステッチ
・アウトラインステッチ
・フレンチノットステッチ
・レイジーデイジーステッチ
・ブランケットステッチ
・フライステッチ

使用糸

OLYMPUS 25番
722 842 2050 2051 451
810 1027 733 413 415
416 314 654 1602 145
744 S103（ラメ）
S105（ラメ） S106（ラメ）

Sara
12 25 48 49 50

使用布

リネン

▶巻末図案
P107

オオカミ

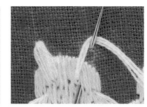

灰→白→濃灰の順に鼻先から足元に向かって刺していく。目・鼻は最後に上から重ねて刺す

うさぎ

うさぎの耳は後頭部のサテンSの上から刺す

亀

甲羅はサテンSで楕円状に刺し埋めた上からバックSの模様、周りのチェーンSを刺す。バックSは針を垂直にして刺していく

鯉

鯉は紅いサテンSを刺してから白いサテンを刺す。次にヒレ、目は最後に上から刺す

鳥

鳥の頭の羽毛は、後頭部の端っこの上から重ねてレイジーデイジーSを刺す

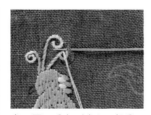

鳥の頭の毛色が変わる部分は青のアウトラインSの最後の一目を少し浮かせておくと、緑の糸の針が出しやすい

風景

すすきはアウトラインSを一番上の穂の付け根まで刺す。穂のブランケットSはアウトラインSに重ねて刺す

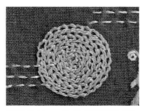

満月のチェーンSは輪郭を刺してから、徐々に内側に向かって刺し埋めていく

Saraの糸は浮きやすいので、針の引き具合を注意しながらサテンSを刺すようにしよう

チャコシャープペンシルの白の芯を使用。事前に布の端などでちゃんと消えるか確認してから使ってみよう！

Cute friends

ステッチ

6種類
・ロング＆ショートステッチ
・サテンステッチ
・ストレートステッチ
・アウトラインステッチ
・スミルナステッチ
・チェーンステッチ

使用糸

COSMO 25番
364 306 307 716 384
367 2424 771 683
Soie et（ソワエ）
603 生成り 501
606 薄紅梅 524
641 茶鼠 645 消炭

602 黒

使用布

**リネン
キャンバス**

▶ 巻末図案 P108

ブラックバンデットハムスター

 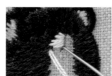  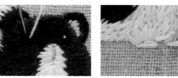

1 基本的な手順として、どの子も目と耳を刺してから頭→体と刺し埋める

2 鼻の下の線に沿って図案を区切って刺す

3 鼻、口、目の光は先に刺した糸の上から重ねて刺す

4 身体の外にある手足は最後に刺す

キンクマハムスター

ハリネズミ

 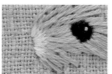  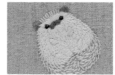 

色が変わる部分は色を馴染ませたいので、ロング＆ショートSをだいたい刺したあと、鼻先の糸の上から針を出して刺すと、色の馴染みが自然になる

体の図案の中にある手足は先に刺す。顔周りのガイドラインを先に刺してからロング＆ショートSで全体を刺していく。ハリは1色ずつストレートSを重ねて刺す

チンチラ

裏面のようす

1 尻尾のスミルナSは縦方向に刺す。待ち針などで刺した糸を固定する

2 内側の灰色が刺し終わったところ

3 尻尾全体が刺し終わったところ。このあとループをカットしていく

木の実・草

木の実のアウトラインSは一目をなるべく短くして円を描いていく

草の束はストレートSを図案の端から端まで刺したものを短いストレートSでまとめ、その上からアウトラインSのリボンを刺す

新しい世界への花の入り口

ステッチ	使用糸	使用布
7 種類 ・サテンステッチ ・ロング＆ショートステッチ ・バックステッチ ・アウトラインステッチ ・バリオンステッチ ・ジャーマンノットステッチ ・フレンチノットステッチ	**OLYMPUS 25 番** 163 1898 850 800 520 227 501 201 202 2051 274 2050 531 782 740 415 ▶ 巻末図案 P109	**オーガンジー**

オーガンジーに図案を写すとき

茎・葉

図案と布を待ち針やマステなどでしっかりと固定して、上から水で消える手芸用シャープペンシルで少しずつなぞると良い。水性ペンは滲むので注意

オーガンジー刺繍の場合、後ろに渡る糸が透けて見えないように、バック S の進め方にも工夫が必要。通常の一針目の位置をどこにすれば透けないか、考えながら刺繍しよう

バラ

小花

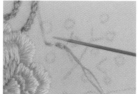

1 内側の花びらから刺し始める

2 ロング＆ショート S 部分は外側を刺してから中を埋める

ジャーマンノット S でも糸が渡って透けて見える部分が出てくるので、2 色目を刺すときに渡る糸を隠すように工夫しながら進める

ガーベラ

裏面のようす

花びらは 1 枚 1 枚裏糸を処理する

オーガンジーは布が透けているので、いつも以上に裏面を注意しながら綺麗に仕上がるように心がけよう！

バリオンステッチのポイント

それぞれバリオンステッチは最後に刺すようにしよう

4章

刺繍の楽しみ方

既製品に刺繍をして楽しむ

カーディガンに刺繍して楽しむ

素材：エクストラファインメリノウール 100%
（ユニクロ）

刺繍前の準備

1 どこに刺繍をしたいのか、初めにしつけ糸で軽く場所を波縫いして決めてみる。ここで一旦、着て確認をすると間違いないでしょう

2 スマ・プリを使用（P11参照）。図案はP109を工夫して組み合わせています

3 スマ・プリを貼りつけたところ

4 素材によりスマ・プリの貼りつきが弱いときは、周囲をしつけ糸で軽く留めると良い

刺繍のポイント

 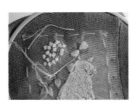

スマ・プリのおかげで表面の生地の伸びは気にならないが、裏側がずれる場合があるので気をつける。糸は強く引きすぎないように、普通の布に刺繍をするときよりも優しく刺繍することを心がける

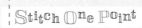

Stitch One Point

● 生地がとても伸びるので、刺繍枠は大きいものよりも小さいもののほうが刺繍しやすい

使用糸：P69.109参照

完成

刺繍が完成したら、説明書に従って水につけてシートを溶かす。のりが生地に付着して残る場合は丁寧に取り除く。

裏側

タオルに刺繍を飾って楽しむ

素材：フェルト　ウォッシャブルフェルト
RN-44（SUNFELT）
タオル　綿100%

タオルに縫い付ける前の準備

ほかの生地に刺繍したものをタオルにアップリケします。

1 ムーンベール（P10参照）を使用してフェルトに図案を写した（詳しい使用方法は説明書を確認してください）

2 フェルトに刺繍をした様子。糸を強く引っ張りすぎないよう気をつけながら刺繍する。刺繍が終わったら図案を消すのを忘れずに

3 刺繍から6mm余白を残して、輪郭に沿ってフェルトをカットする。このときのフェルトの形はお好みで

4 裏面の様子

アップリケのポイント

アップリケなら刺繍もしやすく、いろいろなアイテムで刺繍を楽しめます。

1 アップリケをする位置を決めたら、フェルトを待ち針でタオルに固定し、チェーンSでタオルに縫いつける。このときのステッチもお好みで

2 縫い始めは糸の端を玉どめして、フェルトとタオルの間から針を入れて刺し始める

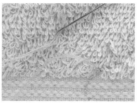

3 縫い終わりはタオル側に針を出して、縫い終わりの地点で玉どめを作る

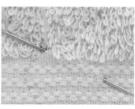

4 玉どめした糸が出ている穴に針を入れ、フェルトとタオルの間に針を1～2cm通して適当な場所から針を出す。このときフェルトの表に針が出ないよう気をつける。針を引いてフェルトとタオルの間に玉どめをしまって、糸をカットする

完成

※使用するステッチによって裏側の様子は異なります

裏側

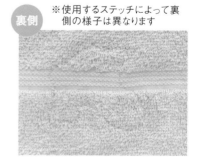

使用糸：イルカ MOCO 804、COSMO 25番 895, 500 ／貝 MOCO 801、COSMO 25番 500　フェルト縫いつけ糸：COSMO 25番 163

ガーゼハンカチに刺繍をして楽しむ

刺繍前の準備

1 トレーシングペーパーを使用して図案を写した（P11参照）

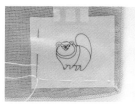

2 刺繍したい場所を決め、①のトレーシングペーパーをハンカチにしつけ糸で固定する

3 今回はハンカチの角に刺繍したいので、刺繍枠をしやすいように、ハンカチにあらかじめ端切れを縫いつけておく

4 目が粗い布地は特に、縦目と横目がまっすぐになるように意識しながら刺繍枠をはめる

刺繍のポイント

ハンカチの厚みとトレーシングペーパーの厚みが重なる分、針を寝かせて刺すステッチの場合一目を短くするのが難しくなる。気になる場合は一針一針垂直に針を出し入れしよう

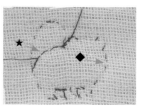
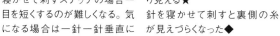

アウトラインSで針を垂直に出し入れすると、裏側の線もはっきり見える★
針を寝かせて刺すと裏側の糸が見えづらくなった◆

刺繍が終わったところ

トレーシングペーパーをはがす。細かいところは トレーシングペーパーに針で穴をあけて少しずつ破きながらはがしていく。無理に引っ張ると刺繍が崩れることもあるので注意

完成

裏側

ネットに入れて洗濯機で通常の洗濯をしたあとの裏側

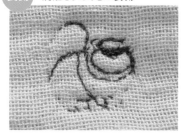

（ネットに入れて洗濯機で通常の洗濯をしたあとの様子）
使用糸：COSMO 25番 312

その他の楽しみ方の例

身近にある衣類品や布もの、
あれこれに刺繍をしてみました。
図案をワンポイントで選んだり
工夫をして組み合わせてみたり、
また素材や色味によって
刺繍糸の種類や色を変えたりして、
自由に楽しみましょう。

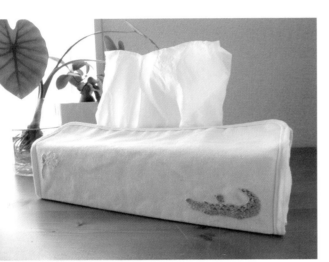

ナチュラル♪

こんにちは！

ガオー

図案を写すのに使用したもの

マスク：スマ・プリ

靴下：スマ・プリ（刺繍糸は違う色を使用）

ティッシュケース：ダイソー刺繍用下地シート

クッションカバー：チャコペーパー

シャツ：チャコペーパー
　　　（刺繍糸はOLYMPUS 25番を使用）

キッズズボン：ダイソー刺繍用下地シート
　　　（刺繍糸は違う色を使用）

ストール：スマ・プリ

刺繍が終わったら

刺繍が終わったら、必ず以下の工程を行いましょう。
綺麗に整った布地になると、自分が刺した刺繍に、より一層愛着がわくでしょう。

1. 布に残った図案を消す

水で消えるチャコペンなども忘れずに消しましょう。
使用した複写紙の使用方法に沿って、図案を消しましょう。

2. アイロンで布地を整える　布地を整えてからアイテムに仕立てていきましょう

1 厚手のタオルを敷いた上に刺繍した布を刺繍の裏面が上になるように置き、霧吹きで軽く水をかけて布に水分をなじませる

2 当て布をして中温〜高温のドライアイロンで縦・横にアイロンをかけて布地を整える

リボン刺繍糸やウールなどは温度が高いと溶けてしまうので、十分注意してアイロンがけをしましょう

3 タオルを敷くことで布地は整い、刺繍はふっくら潰れずに仕上げることができます

仕立てにあると便利な道具

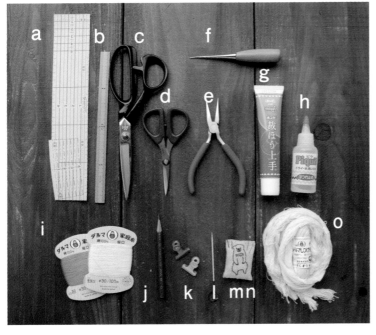

上段左から
a. アイロン定規／b. 定規／c. 裁ちばさみ／d. カットワークはさみ／e. ペンチ
f. 目打ち／g. 手芸用ボンド／h. ほつれ止め／i. 手縫い糸／j. えんぴつ／k. クリップ／l. つまようじ／m. 手縫い針
n. まち針／o. しつけ糸

その他
ミシン、アイロン、タオル、
当て布、霧吹き　など

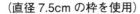

枠飾り

通常の布の場合 （直径 7.5cm の枠を使用）

1 刺繍を始める前に、枠の内側の外周を水で消えるチャコペンなどで印をつけ、その中に刺繍をする

2 刺繍が終わったら[1]でつけた印を消し、アイロンで整える。枠の直径約1/3の長さで布をカットする。枠の大きさによって布をカットする長さは異なる

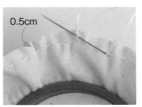

0.5cm

3 手縫い糸を長めに用意して2本取りにする。玉どめをして約0.5cm内側を波縫いし、1周したらスタートの玉どめの輪の部分に針を通す

4 ギュッと糸を引っ張って布を絞り、針を表に出す

5 糸を引っ張りながら星型に縫う。スタートに戻ったら、布をすくいギュッと絞る

6 もう一度同じところをすくい、糸を引く

7 玉どめをし、すぐ近くに針を入れ内側から出てくるようにし、糸を引きながらカットする

完成

オーガンジー布の場合 （直径 15cm の枠を使用）

1 枠から約2cmの所にざっくり印をつけて、カットする

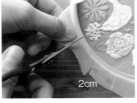

2cm

2 約2cm間隔で切り込みを入れる。枠が小さくなるにつれ、間隔も狭くする

3 内枠の側面にボンドを少しずつ塗る

4 布を内側に折り畳み、ヘラや指などで押さえて貼りつけていく。洗濯バサミなどで固定をしながら少しずつ進める

5 ボンドが完全に乾いたら、枠の内側に沿って布を丁寧にカットしていく

完成

ぺたんこがま口

ほぼ正方形の、ぺたんこながま口です。
仕立ても比較的簡単で、手縫いでも十分作れます。

できあがりサイズ：
約縦12cm×横10.5cm

使用素材：表布・リネン、裏布・綿
接着キルト芯・ポリエステル

必要な材料 （表記サイズは縫い代1cm込み）

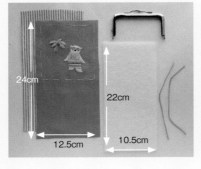
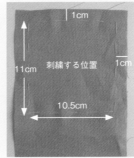

- 表布、裏布　縦24cm×横12.5cm
- 接着キルト芯（縫い代なし）
  縦22cm×横10.5cm
- 口金金具　角型
  幅10.5cm×深さ5.5cm
  （タカギ繊維（株）CH-119）
- 紙紐17cmを2本
- 型紙　P110

仕立て手順

1 表布の裏側に型紙をあて、鉛筆で印をつける。あき止まり線の印もしっかりつけましょう。印より内側に刺繍をし、刺繍が終わったらP76の通りに準備をする

2 型紙の印に合わせて表布の裏面に接着キルト芯をアイロンで接着する

接着剤がついている面を必ず確認する。また温度が高すぎると接着芯やリボン刺繍糸が溶けてしまうので必ず当て布をして低温〜中温で様子を見ながら接着する

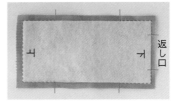

3 表布と裏布2枚を中表（布の表どうしを内側にする）に重ね、上下の口部分をあき止まり線までそれぞれ縫う。下は返し口を残して縫う

4 ③の縫っていないところから開いて、表布どうしを中表に半分に折り、あき止まり線より下の部分を両脇縫う

5 同じように裏布どうしも中表に半分に折り、あき止まり線より下の部分を両脇縫う

6 返し口から表に返し、アイロンで形を整える。角は目打ちなどを使って形を整える

7 袋本体の口部分、紙紐それぞれの中心に印をつける

8 袋の口部分にボンドを軽く塗り、**7**でつけた中心線を合わせて紙紐を仮止めする。くっつきづらいときはクリップなどで固定する

9 手縫い糸でまつり縫いをして紙紐を袋本体にしっかり固定する。このときに返し口も一緒に閉じる。また針はなるべく紙紐ギリギリのところを縫う

10 口金の内側にボンドを縫って、薄く伸ばす。目打ちなどを使って袋本体を口金にはめこむ。印をつけた中心から少しずつ丁寧にゆっくりはめていくと良い。目打ちの扱いには十分注意してください

11 口金の端4か所をあて布をしてペンチで潰し、袋を固定する。はみ出た余分なボンドを拭き取って完成

キャラメルペンケース

キャラメル包みのような可愛い形のポーチです。
ミシンでのファスナーの縫い付けが難しい場合は
手縫いで頑張りましょう。

できあがりサイズ：
　　　約高さ6cm×横17cm×マチ6cm

使用素材：表布・麻綿 、裏布・綿
　　　　　バイアステープ・綿

必要な材料 （表記サイズは縫い代上下0.5cm、横1cm込み）

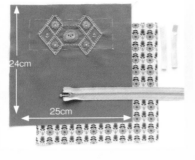
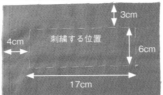

24cm
25cm

3cm
4cm
刺繍する位置
6cm
17cm

- 表布、裏布　縦24cm×横25cm
- ファスナー　23cm
- バイアステープ11mm巾
　　　　　　長さ9cmを2本
- ファスナー押さえ（なくてもOK）

仕立て手順

0.5cm

1 裏布、ファスナー、表布（裏面が上）の順で重ね、0.5cm縫い代をとって布とファスナーを縫いつける。しつけ糸などであらかじめ固定しておくと、ズレずに縫うことができる。またファスナーのスライダーを開いたり閉じたりしながらするとまっすぐ縫える。ファスナーの向きに注意（この場合は左開きになる）

0.5cm

2 もう一方も同じように縫う。布は中表（布の表どうしを内側にする）のまま。ミシンが難しい場合は手縫いでもOK。ファスナー押さえを使うと、ミシンでもファスナーが縫いやすくなる

3 ファスナーを開いて布を表に返す

 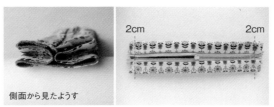 

4 ①と②で縫った部分をアイロンで整える（ファスナーの素材によっては当て布をする）

5 裏布を表にして図のように折り畳み、両端から2cmのところをしつけ糸で固定する

6 バイアステープを開き、折り目が本体の布端から1cmのところにくるように重ねて置く。しつけ糸などで固定し、折り目の線に合わせて縫う（ファスナーの金具に注意）

 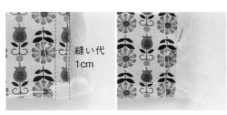 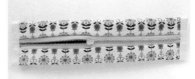

7 はみ出たファスナーの布をカットする

8 ひっくり返して本体の縫い代をバイアステープでくるみ、まつり縫いする

9 反対側も同じように仕上げ、ファスナーを開いて表に返し、形を整えたら完成

エコバッグ

一枚布で作る、薄くて軽いバッグです。お好みの布や刺繍を選んで、オリジナルのエコバッグ作りを楽しんでください。

できあがりサイズ（持ち手込み）：
約縦50cm×横25cm×マチ12cm

使用素材：布・リネン、紐・ワックスコード

必要な材料 （表記サイズは縫い代込み）

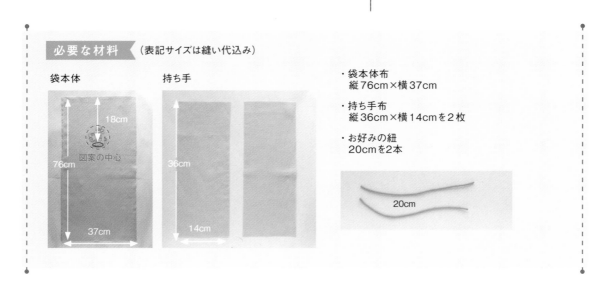

袋本体

持ち手

・袋本体布
縦76cm×横37cm

・持ち手布
縦36cm×横14cmを2枚

・お好みの紐
20cmを2本

仕立て手順

1 布のほつれを防ぐため、袋本体の布の両脇（76cmの部分）をふちかがり縫いする

布の耳を利用する場合は、ふちかがり縫いをしなくてもOK

2 袋本体を中表（表どうしを内側にする）にし、図のようにそれぞれマチ6cmを内側に（Wになるように）折り込んだ状態で両脇を縫う

3 縫い代を割る（開く）

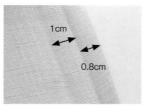

4 持ち手布の両脇（36cmの部分）をそれぞれ0.8cm内側に折る。さらにもう1回内側に1cm折り込み、アイロンでしっかり折り目をつけてステッチをかける

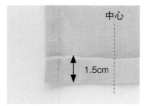

5 持ち手布の上下をそれぞれ1.5cm外側（**4**とは反対の面）に折っておく。さらに中心で山折りにしておく

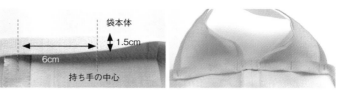

⑥ 袋本体の上の布端を1.3cm内側に折る。さらに
もう1回1.5cm内側に折り、アイロンでしっかり折り
目をつけておく

⑦ 袋本体の脇の縫い目から6cmのところと、⑤でつけた山折り線（中心）を合
わせて、⑥で折った袋本体の折り目に持ち手を差し込む。持ち手を⑤でつけた折
り目に沿って上に持ち上げ、待ち針などで固定しておく。これを持ち手2本、各2
か所ずつ行う

⑧ 紐も袋全体の前後それぞれの
中心の折り目に入れて、しつけ糸
で固定しておく

⑨ 袋本体の口部分（1.5cmの
折り目の上下1〜2mm内側）に
ステッチをかけ、アイロンで形を整
えたら完成

6重ガーゼのベビースタイ

優しく通気性の良いガーゼを使用した、赤ちゃんのヨダレかけです。6重にすることでしっかりよだれをキャッチ。刺繍を入れる位置や図案はお好みで、世界で一つのスタイをプレゼントにも。

できあがりサイズ：
約縦26.5cm×横22cm
使用素材：布・綿100％ダブルガーゼ
スナップボタン・ナイロン

必要な材料 （表記サイズは縫い代約1cm込み）

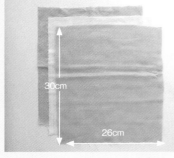 

・表布、裏布　縦30cm×横26cmを3枚
・スナップボタン（手縫い用 18m）
・型紙P111

仕立て手順

 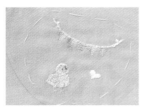 

1 布の裏面に型紙をあて、鉛筆で線を引く（できあがり線）

2 刺繍をしたい位置を決め、しつけ糸で大まかに囲い、その中に刺繍をする。刺繍が終わったらP76の通りに準備をする

3 布を3枚重ね、待ち針などで固定する。一番下に置いた布が完成時には真ん中に来て隠れる。裏面にしたい布はこのとき2枚目に置く。刺繍した布は、一番上に置いて刺繍の裏面を上にして置く

4 返し口を残し、できあがり線を縫う

5 縫い代を1cmほど残して布を裁断し、カーブの部分（点線の箇所）の縫い代に 約2cm間隔で切り込みを入れる

返し口 6cm

6 返し口から表に返して形を整え、返し口を手縫いで閉じる

7 スナップボタンを縫いつけたら完成

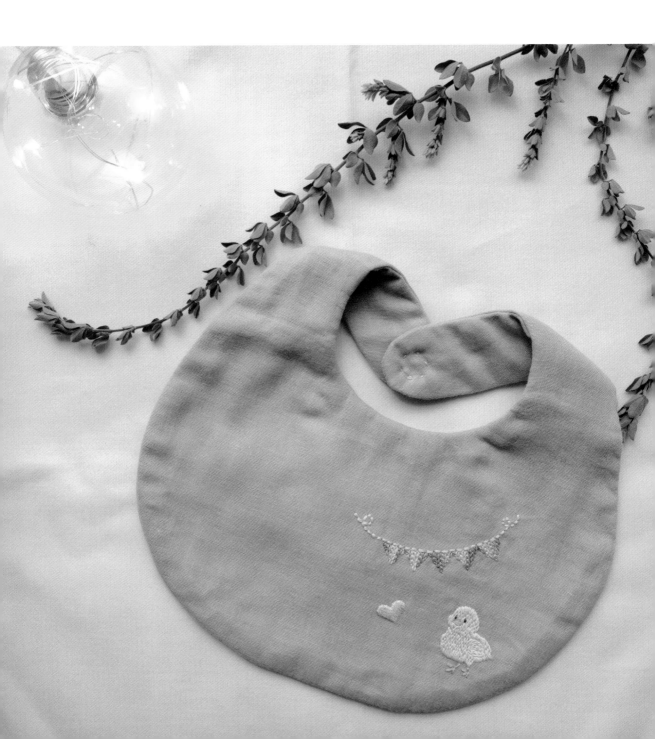

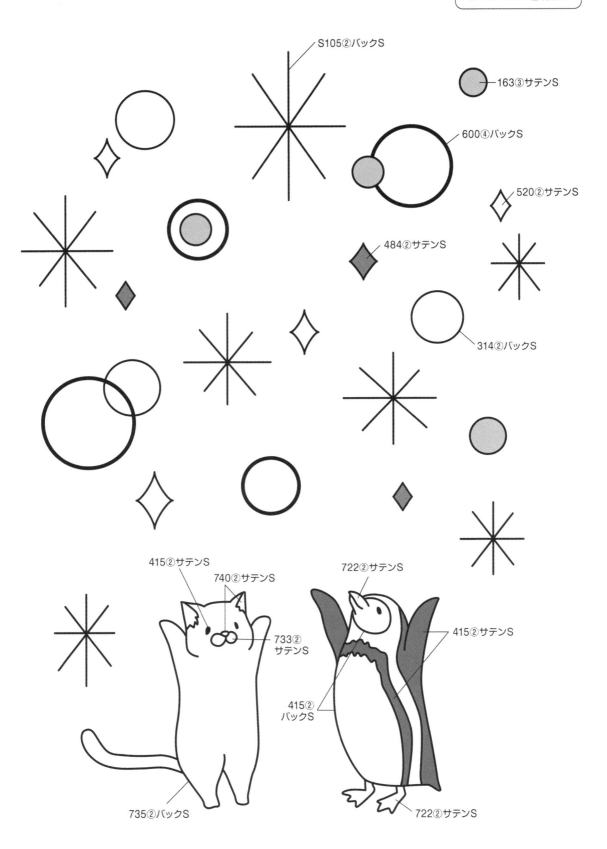

S105②バックS

163③サテンS

600④バックS

520②サテンS

484②サテンS

314②バックS

415②サテンS

740②サテンS

733②
サテンS

722②サテンS

415②サテンS

415②
バックS

735②バックS

722②サテンS

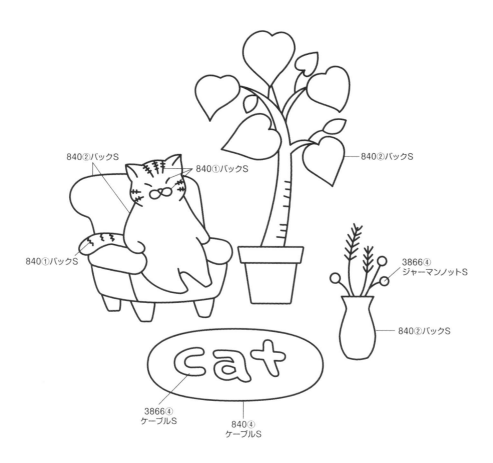

840②バックS

840①バックS

840②バックS

840①バックS

3866④
ジャーマンノットS

840②バックS

3866④
ケーブルS

840④
ケーブルS

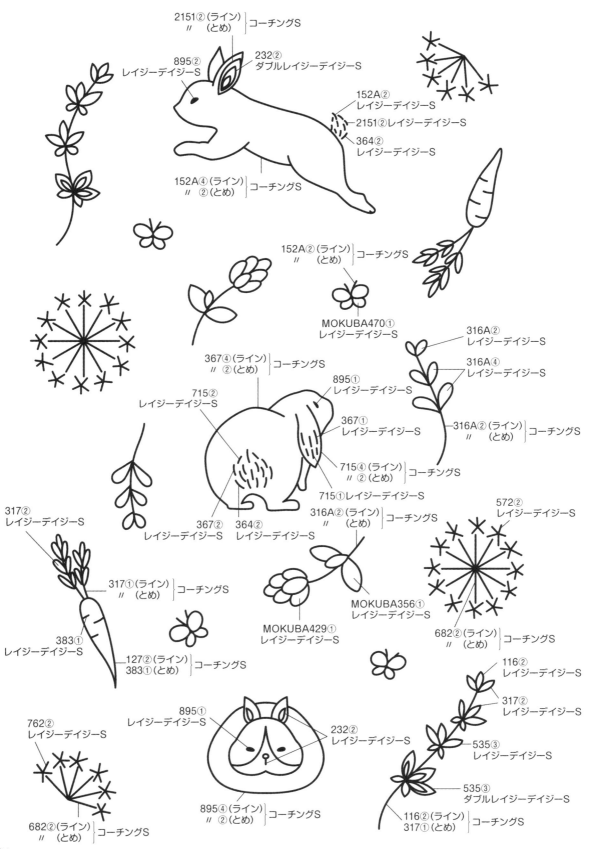

2151②（ライン）
〃（とめ）｝コーチングS

232②
ダブルレイジーデイジーS

895②
レイジーデイジーS

152A②
レイジーデイジーS

2151②レイジーデイジーS

364②
レイジーデイジーS

152A④（ライン）
〃②（とめ）｝コーチングS

152A②（ライン）
〃（とめ）｝コーチングS

MOKUBA470①
レイジーデイジーS

316A②
レイジーデイジーS

316A④
レイジーデイジーS

316A②（ライン）
〃（とめ）｝コーチングS

367④（ライン）
〃②（とめ）｝コーチングS

895①
レイジーデイジーS

715②
レイジーデイジーS

367①
レイジーデイジーS

715④（ライン）
〃②（とめ）｝コーチングS

715①レイジーデイジーS

367②
レイジーデイジーS

364②
レイジーデイジーS

316A②（ライン）
〃（とめ）｝コーチングS

317②
レイジーデイジーS

317①（ライン）
〃（とめ）｝コーチングS

383①
レイジーデイジーS

127②（ライン）
383①（とめ）｝コーチングS

MOKUBA356①
レイジーデイジーS

MOKUBA429①
レイジーデイジーS

572②
レイジーデイジーS

682②（ライン）
〃（とめ）｝コーチングS

116②
レイジーデイジーS

317②
レイジーデイジーS

535③
レイジーデイジーS

535③
ダブルレイジーデイジーS

116②（ライン）
317①（とめ）｝コーチングS

762②
レイジーデイジーS

895①
レイジーデイジーS

232②
レイジーデイジーS

682②（ライン）
〃（とめ）｝コーチングS

895④（ライン）
〃②（とめ）｝コーチングS

DMC25番刺繍糸

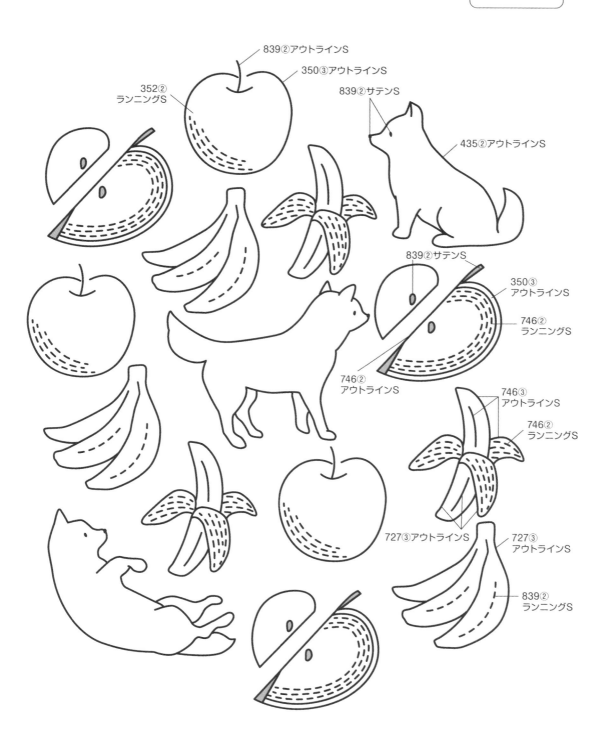

839②アウトラインS

350③アウトラインS

839②サテンS

352②
ランニングS

435②アウトラインS

839②サテンS

350③
アウトラインS

746②
ランニングS

746②
アウトラインS

746③
アウトラインS

746②
ランニングS

727③アウトラインS

727③
アウトラインS

839②
ランニングS

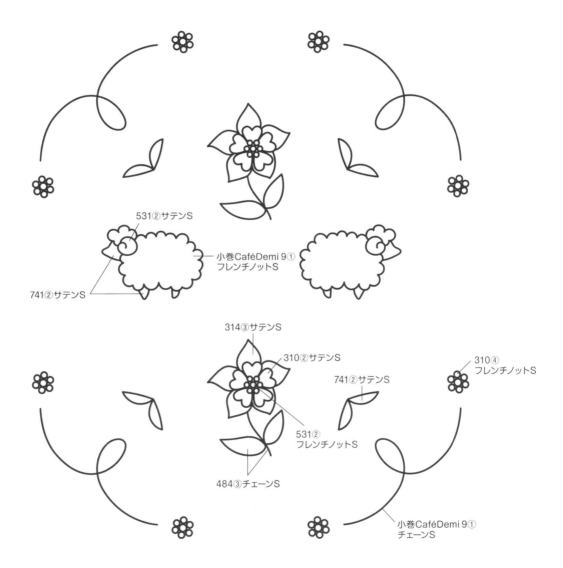

531②サテンS

小巻CaféDemi 9①
フレンチノットS

741②サテンS

314③サテンS

310②サテンS

310④
フレンチノットS

741②サテンS

531②
フレンチノットS

484③チェーンS

小巻CaféDemi 9①
チェーンS

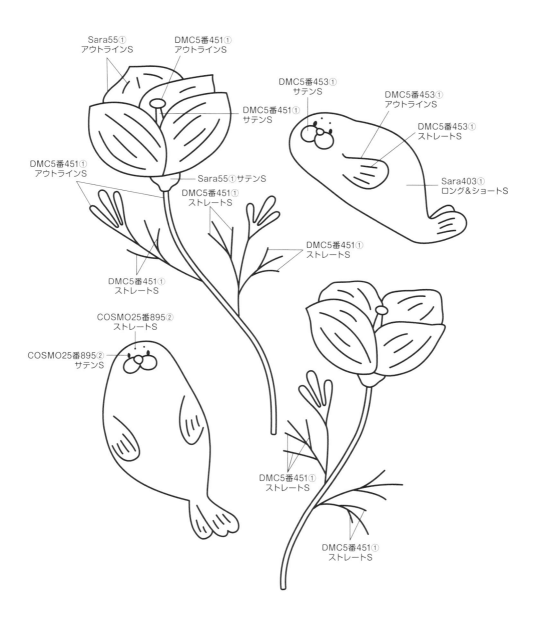

Sara55① アウトラインS

DMC5番451① アウトラインS

DMC5番453① サテンS

DMC5番453① アウトラインS

DMC5番451① サテンS

DMC5番453① ストレートS

DMC5番451① アウトラインS

Sara55①サテンS

DMC5番451① ストレートS

Sara403① ロング&ショートS

DMC5番451① ストレートS

DMC5番451① ストレートS

COSMO25番895② ストレートS

COSMO25番895② サテンS

DMC5番451① ストレートS

DMC5番451① ストレートS

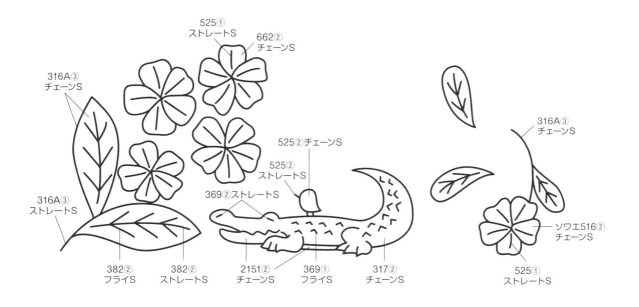

525①
ストレートS

662②
チェーンS

316A③
チェーンS

525②チェーンS

525②
ストレートS

369②ストレートS

316A③
チェーンS

316A③
ストレートS

ソワエ516②
チェーンS

382②
フライS

382②
ストレートS

2151②
チェーンS

369①
フライS

317②
チェーンS

525①
ストレートS

2981③
ジャーマンノットS

572③
ジャーマンノットS

151②
500① ③サテンS（手・足・耳も）

127③サテンS

895②
サテンS

2307③バックS

MOKUBA293①
サテンS

572③バックS

500③
ブランケットS

2981③サテンS

151③
ブランケットS

572③サテンS

MOCO812
①バックS

151⑥
バックS

151②バックS

MOKUBA356①
サテンS

MOKUBA037①
サテンS

MOKUBA538①
ブランケットS

MOKUBA317①
サテンS

MOKUBA037①
ジャーマンノットS

MOKUBA429①
サテンS

2307③
ブランケットS

715③
サテンS

MOKUBA293①
サテンS

MOKUBA356①
ジャーマンノットS

572③
ブランケットS

127③
サテンS

452③
フレンチノットS

435②
3862①　③レイジーデイジーS

小巻CaféDemi 10①
ブランケットS

452③
フレンチノットS

524③
レイジーデイジーS

931③
ブランケットS

503③
レイジーデイジーS

3866②
フレンチノットS

422③ブランケットS

842②
サテンS

3021②
サテンS
（目・鼻）

503③（内側）
ブランケットS

931③
ブランケットS

3866②
フレンチノットS

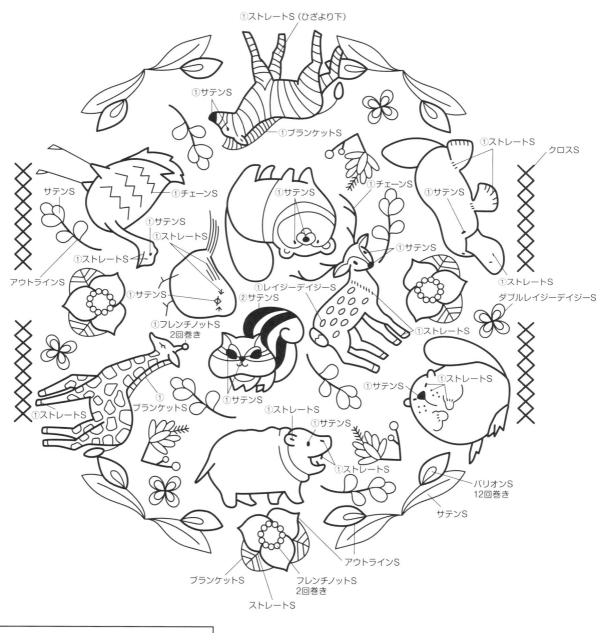

・指定外の太線は①アウトラインS／指定外の細線は①バックS
・動物（黒）はOLYMPUS900
・それ以外（白）はOLYMPUS801（すべて2本取り）

①ストレートS（ひざより下）

①サテンS

①ブランケットS

①ストレートS

クロスS

①チェーンS

サテンS

①チェーンS

①サテンS

①サテンS

①サテンS

①サテンS

アウトラインS

①ストレートS

①サテンS

①ストレートS

①ストレートS

ダブルレイジーデイジーS

①サテンS

①レイジーデイジーS

②サテンS

①ストレートS

①フレンチノットS
2回巻き

①ストレートS

①サテンS

①
ブランケットS

①ストレートS

①サテンS

①ストレートS

①サテンS

①ストレートS

バリオンS
12回巻き

①ストレートS

①サテンS

サテンS

アウトラインS

ブランケットS

フレンチノットS
2回巻き

ストレートS

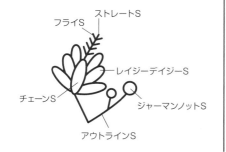

フライS

ストレートS

レイジーデイジーS

チェーンS

ジャーマンノットS

アウトラインS

BLANC②
ロング&ショートS

3756②ロング&ショートS
BLANC②サテンS

746②サテンS

819②サテンS

08②チェーンS　08②バックS

BLANC②チェーンS

08②サテンS

746②ロング&ショートS

08②サテンS

841②チェーンS　4020②チェーンS

08②
サテンS

754②サテンS

08②チェーンS

3756②
サテンS

746③チェーンS

754②バックS

BLANC②チェーンS

3021②サテンS
BLANC①サテンS

BLANC②
ロング&ショートS

746②サテンS

746②
チェーンS

BLANC②サテンS

645②
サテンS

754②サテンS

761①バックS

744②
サテンS

746②サテンS

819②サテンS

645①バックS

BLANC②バックS

819②
ロング&ショートS

645②
チェーンS

08②サテンS

648②ロング&ショートS

08②サテンS

648②サテンS

08①
バックS

842②サテンS

841②ロング&ショートS

842②
チェーンS

BLANC②ロング&ショートS

08②
ロング&ショートS

819②サテンS

744②
サテンS

746③バックS

BLANC②バックS

4020②チェーンS

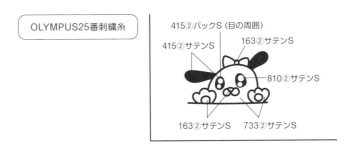

OLYMPUS25番刺繍糸

415②バックS (目の周囲)
415②サテンS
163②サテンS
810②サテンS
163②サテンS　733②サテンS

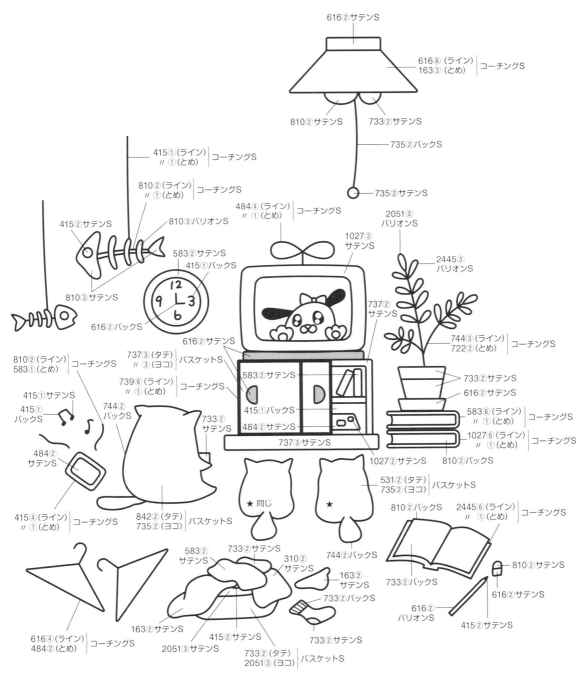

616②サテンS

616⑥ (ライン)
163③ (とめ) } コーチングS

810②サテンS　　733②サテンS

735②バックS

735②サテンS

2051③ バリオンS

2445③ バリオンS

415①(ライン)
〃 ①(とめ) } コーチングS

810②(ライン)
〃 ①(とめ) } コーチングS

484④(ライン)
〃 ①(とめ) } コーチングS

1027③ サテンS

737② サテンS

415②サテンS

810③バリオンS

583②サテンS
415①バックS

616②サテンS

744③(ライン)
722②(とめ) } コーチングS

810③サテンS

616②バックS

733②サテンS
616②サテンS

810②(ライン)
583①(とめ) } コーチングS

737③(タテ)
〃 ③(ヨコ) } バスケットS

583②サテンS

583⑥(ライン)
〃 ①(とめ) } コーチングS

415①サテンS

739⑥(ライン)
〃 ①(とめ) } コーチングS

415①
バックS

744②
バックS

733②
サテンS

415①バックS

1027⑥(ライン)
〃 ①(とめ) } コーチングS

484②サテンS

484②
サテンS

737③サテンS

1027②サテンS　810②バックS

531②(タテ)
735②(ヨコ) } バスケットS

810②バックS

2445⑥(ライン)
〃 ①(とめ) } コーチングS

415④(ライン)
〃 ①(とめ) } コーチングS

842②(タテ)
735②(ヨコ) } バスケットS

★ 同じ

★

744②バックS

733②サテンS

733②バックS

810②サテンS

583②
サテンS

733②サテンS

310②
サテンS

163②
サテンS

733②バックS

616②
バリオンS

616②サテンS

616④(ライン)
484②(とめ) } コーチングS

163②サテンS

2051③サテンS

415②サテンS

733②(タテ)
2051③(ヨコ) } バスケットS

733②サテンS

415②サテンS

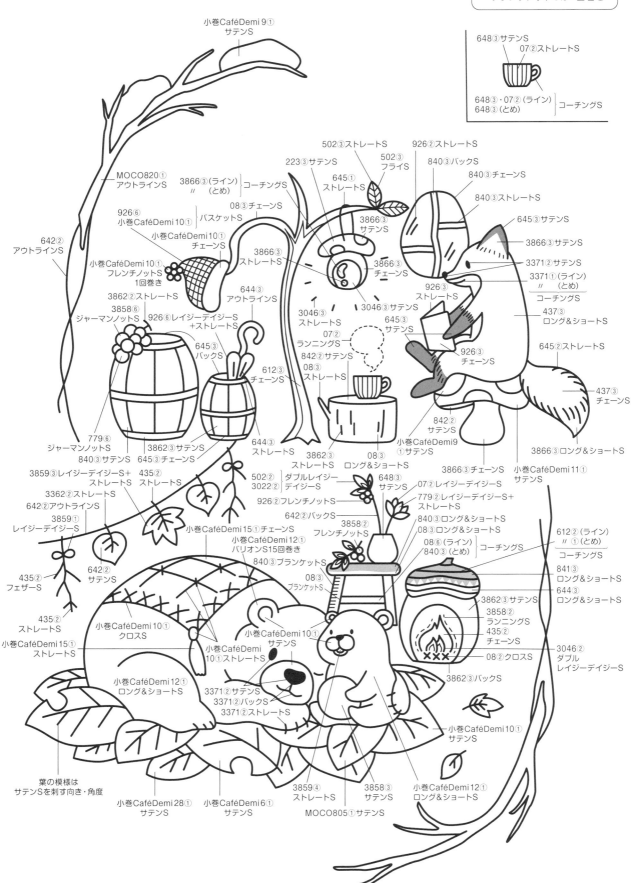

・指定外はDMC25番刺繍糸
・フレンチノットSは2回巻き

648③サテンS
07②ストレートS
648③・07②(ライン) ｝コーチングS
648③(とめ)

小巻CaféDemi 9① サテンS

MOCO820① アウトラインS
642② アウトラインS

3866③(ライン)
〃 (とめ) ｝コーチングS
08③チェーンS ｝バスケットS

926⑥ 小巻CaféDemi 10①
小巻CaféDemi 10① チェーンS
小巻CaféDemi 10① フレンチノットS 1回巻き
3862②ストレートS
3858⑥ ジャーマンノットS
926⑥レイジーデイジーS +ストレートS

644③ アウトラインS

223③サテンS
502③ストレートS
502③ フライS
926②ストレートS
840③バックS
840③チェーンS
840③ストレートS
645③サテンS
3866③サテンS
3371②サテンS
3371①(ライン)
〃 ①(とめ) ｝コーチングS
437③ ロング&ショートS
645②ストレートS
437③ チェーンS

645① ストレートS
3866③ サテンS
3866③ ストレートS
3866③ チェーンS
3046③ ストレートS
3046③サテンS
645③ サテンS
926③ ストレートS
926③ チェーンS

07② ランニングS
842②サテンS
08③ ストレートS
612③ チェーンS

644③ ストレートS

642② アウトラインS
779⑥ ジャーマンノットS
840③サテンS
3862③サテンS
645③チェーンS
435② ストレートS
3859③レイジーデイジーS + ストレートS
3362②ストレートS
642②アウトラインS
3859① レイジーデイジーS
642② サテンS
435② フェザーS
435② ストレートS

502② 3022② ｝ダブルレイジーデイジーS
926②フレンチノットS
642②バックS
3858② フレンチノットS

842② サテンS
小巻CaféDemi 9 ①サテンS
3862③ ストレートS
08③ ロング&ショートS
3866③チェーンS
3866③ロング&ショートS
小巻CaféDemi 11① サテンS

648③ サテンS
07②レイジーデイジーS
779①レイジーデイジーS + ストレートS
840③ロング&ショートS
08③ロング&ショートS
08⑥(ライン) 840③(とめ) ｝コーチングS

612②(ライン) 〃 ①(とめ) ｝コーチングS
841③ ロング&ショートS
644③ ロング&ショートS
3862③サテンS
3858② ランニングS
435② チェーンS
3046② ダブル レイジーデイジーS
08②クロスS
3862③バックS

小巻CaféDemi 15①チェーンS
小巻CaféDemi 15① バリオンS15回巻き
840③ブランケットS
08③ ブランケットS

小巻CaféDemi 15① ストレートS
小巻CaféDemi 10① クロスS
小巻CaféDemi 12① ロング&ショートS
小巻CaféDemi 10①ストレートS
小巻CaféDemi 10① サテンS
小巻CaféDemi 10① サテンS

3371②サテンS
3371②バックS
3371②ストレートS

葉の模様は サテンSを刺す向き・角度
小巻CaféDemi 28① サテンS
小巻CaféDemi 6① サテンS
3859④ ストレートS
MOCO805①サテンS
3858③ サテンS
小巻CaféDemi 12① ロング&ショートS
小巻CaféDemi 10① サテンS

104

895②サテンS（目）
364①ストレートS（光）

600③サテンS（目）
364①ストレートS（光）

655①
ストレートS

771①フレンチノットS 2回巻き

382①
ストレートS

364③チェーンS

895③チェーンS

654②
サテンS

2151③
チェーンS

654①（ライン）
〃 （とめ）｝コーチングS

654②
サテンS

655②（内側）
382①（外側）｝ストレートS

382②
ストレートS

771②（ライン）
〃 （とめ）｝コーチングS

364③
チェーンS

367③チェーンS

715③・369③
スプリットS

369③チェーンS

382③ストレートS

382③ストレートS

654①（ライン）
〃 （とめ）｝コーチングS

895③チェーンS

382③
サテンS

771②フレンチノットS
2回巻き

364①ストレートS
375③チェーンS
895③チェーンS

364①フレンチノットS 2回巻き
375③サテンS

375②・895①スプリットS

895③
サテンS

655②
チェーンS

600③サテンS（目）
364①ストレートS（光）

375②・895①スプリットS

2424③サテンS

895③チェーンS

382③
サテンS

655①
チェーンS

382③
サテンS

364③サテンS

375②
895①｝③サテンS

895③
チェーンS

683②
チェーンS

364②ストレートS

375③サテンS
2424③チェーンS
375③チェーンS
375③ストレートS

683②（ライン）
〃 （とめ）｝コーチングS

654②ストレートS

895③サテンS

683⑥（ライン）
〃 ②（とめ）｝コーチングS

382③チェーンS

771③
サテンS

771②フレンチノットS
2回巻き

655③
サテンS

2151②
チェーンS

895③サテンS（目）
364①ストレートS（光）

364③
サテンS

771③
ストレートS

382③
ストレートS

771①
ストレートS

654③
チェーンS

2151③
サテンS

382③
サテンS

771②・683②
スプリットS

2151③
チェーンS

771③ストレートS

683③
サテンS

895③
チェーンS

895③
チェーンS

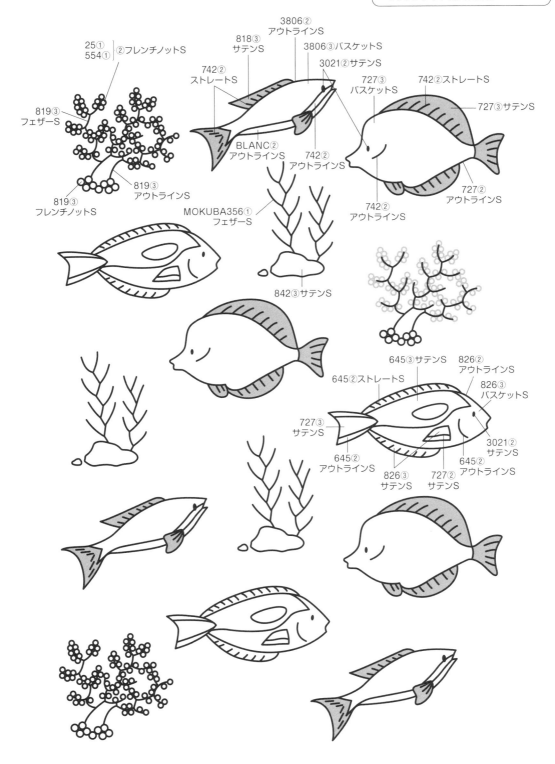

・指定外はDMC25番刺繍糸
・バスケットSはタテ・ヨコ：同じ色・本数
・フレンチノットSは3回巻き

25①
554①｜②フレンチノットS

3806②
アウトラインS

818③
サテンS

3806③バスケットS

3021②サテンS

742②ストレートS

727③サテンS

742②
ストレートS

727③
バスケットS

819③
フェザーS

BLANC②
アウトラインS

742②
アウトラインS

742②
アウトラインS

727②
アウトラインS

819③
アウトラインS

819③
フレンチノットS

MOKUBA356①
フェザーS

842③サテンS

645③サテンS

826②
アウトラインS

645②ストレートS

826③
バスケットS

727③
サテンS

3021②
サテンS

645②
アウトラインS

826③
サテンS

727③
サテンS

645②
アウトラインS

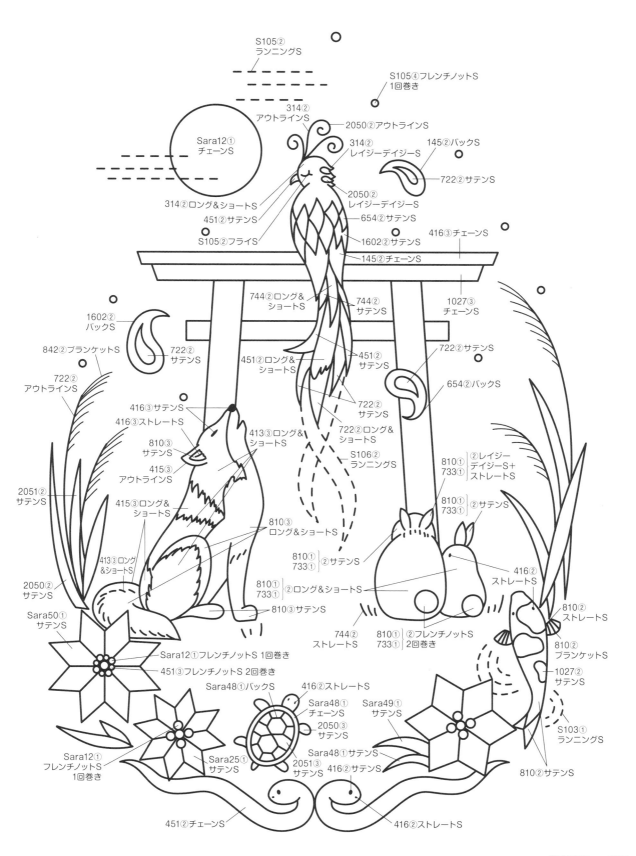

指定外はOLYMPUS25番刺繍糸

巻末図案　107

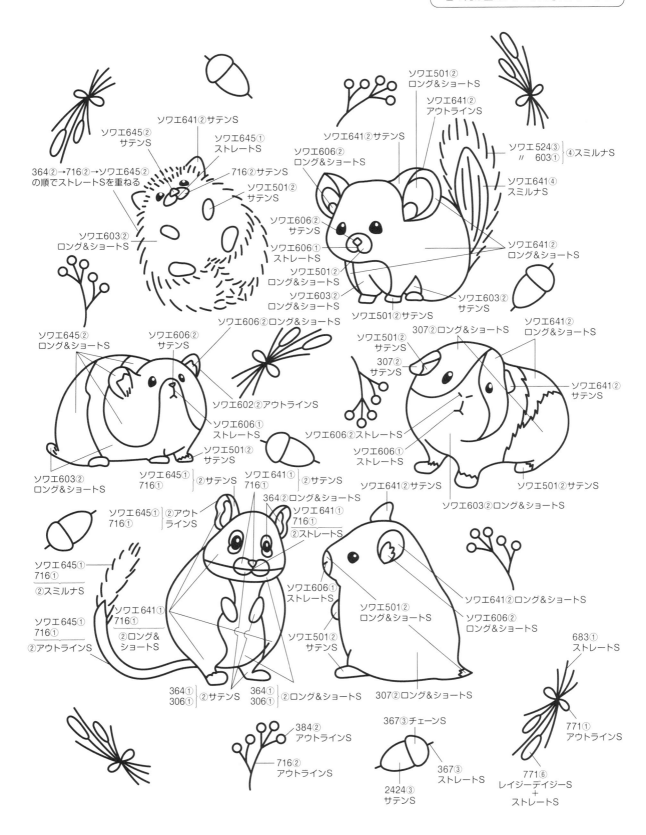

・指定外はCOSMO25番刺繍糸
・目は全てソワエ602②サテンS
・目の光は全てソワエ603①ストレートS

ソワエ641②サテンS
ソワエ645②
サテンS
ソワエ645①
ストレートS
716②サテンS
364②→716②→ソワエ645②
の順でストレートSを重ねる
ソワエ501②
サテンS
ソワエ603②
ロング＆ショートS

ソワエ501②
ロング＆ショートS
ソワエ641②
アウトラインS
ソワエ641②サテンS
ソワエ606②
ロング＆ショートS
ソワエ524③
″　603① }④スミルナS
ソワエ641④
スミルナS
ソワエ606②
サテンS
ソワエ606①
ストレートS
ソワエ501②
ロング＆ショートS
ソワエ603②
ロング＆ショートS
ソワエ641②
ロング＆ショートS
ソワエ603②
サテンS
ソワエ501②サテンS

ソワエ645②
ロング＆ショートS
ソワエ606②
サテンS
ソワエ606②ロング＆ショートS
ソワエ602②アウトラインS
ソワエ606①
ストレートS
ソワエ501②
サテンS
ソワエ603②
ロング＆ショートS

ソワエ501②
サテンS
307②ロング＆ショートS
ソワエ641②
ロング＆ショートS
307②
サテンS
ソワエ641②
サテンS
ソワエ606②ストレートS
ソワエ606①
ストレートS
ソワエ641②サテンS
ソワエ501②サテンS
ソワエ603②ロング＆ショートS

ソワエ645①
716① }②サテンS
ソワエ641①
716① }②サテンS
364②ロング＆ショートS
ソワエ641①
716① }
②ストレートS
ソワエ645①
716① }②アウト
ラインS
ソワエ645①
716① }②スミルナS
ソワエ606①
ストレートS
ソワエ645①
716① }②アウトラインS
ソワエ641①
716① }
②ロング
＆
ショートS
ソワエ501②
ロング＆ショートS
ソワエ606②
ロング＆ショートS
683①
ストレートS
ソワエ641②ロングショートS
ソワエ501②
サテンS
364①
306① }②サテンS
364①
306① }②ロング＆ショートS
307②ロング＆ショートS

384②
アウトラインS
716②
アウトラインS
367③チェーンS
367③
ストレートS
2424③
サテンS
771①
アウトラインS
771⑥
レイジーデイジーS
＋
ストレートS

108

・OLYMPUS25番刺繍糸
・フレンチノットSは3回巻き

520②ロング＆ショートS
850②ロング＆ショートS
850②サテンS
415①バックS
520③バリオンS
501②サテンS
501②バックS
227②ロング＆ショートS
274①ロング＆ショートS
274①バックS
531②サテンS
782③フレンチノットS
2050②フレンチノットS
520③ジャーマンノットS
800③ジャーマンノットS
2050②バックS
163②ロング＆ショートS
1898②ロング＆ショートS
1898②サテンS
163②サテンS
201②サテンS
850②ロング＆ショートS
800②ロング＆ショートS
850②ロング＆ショートS
800②サテンS
850②サテンS
163②ロング＆ショートS
1898②ロング＆ショートS
163②サテンS
1898②サテンS
800②ロング＆ショートS
227②ロング＆ショートS
201②サテンS
163②サテンS
520②サテンS
415②サテンS
163②サテンS
415①バックS
202③アウトラインS
2051③アウトラインS
740②サテンS（耳）
163②バリオンS
740②ロング＆ショートS
163②ロング＆ショートS
782②サテンS
2050②フレンチノットS
531③フレンチノットS
501③バリオンS
415②サテンS
501②サテンS
800②サテンS
782②サテンS
800②ロング＆ショートS
415②サテンS
163②サテンS

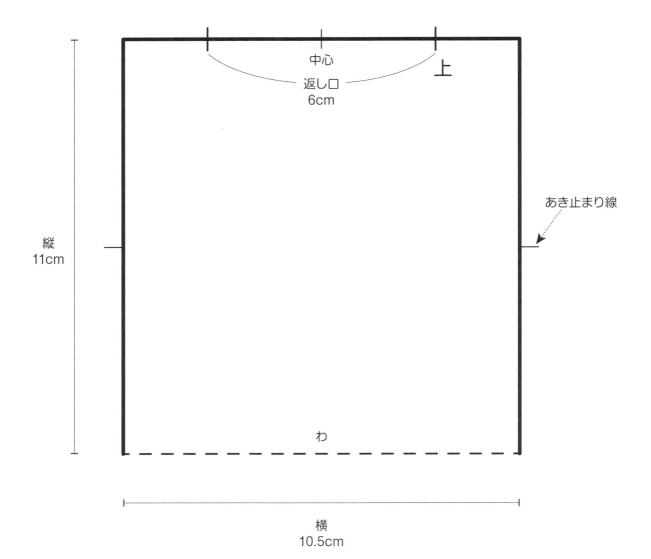

中心

返し口
6cm

上

あき止まり線

縦
11cm

わ

横
10.5cm

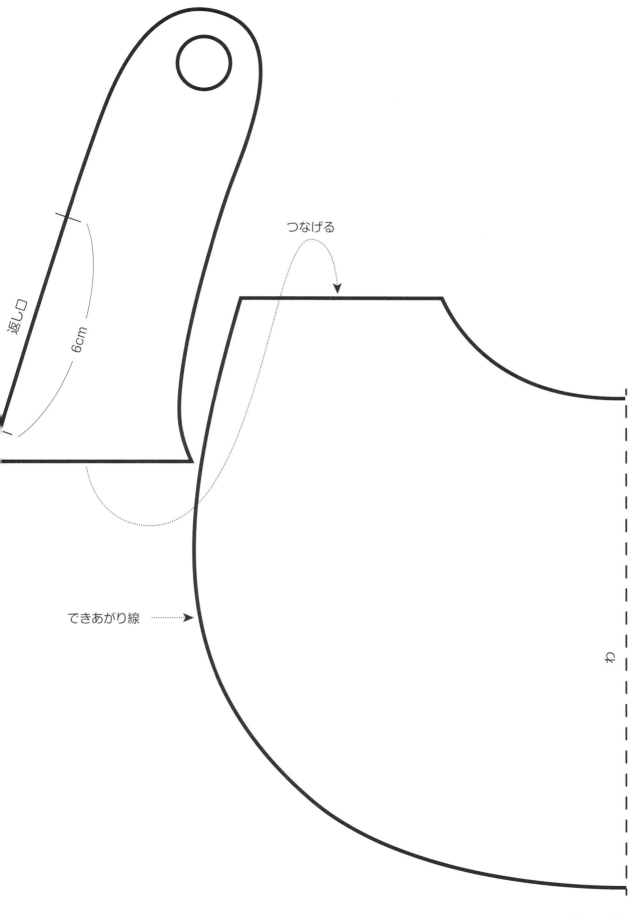

返し口

6cm

つなげる

できあがり線 ⋯⋯⋯→

わ

Chicchi　松本千慧・松本美慧（チッチ　まつもとちさと・まつもとみさと）

双子の刺繍作家。2014年1月よりインターネットにてハンドメイド作品の販売を始める。動物・花などをモチーフに、物語が感じられるオリジナルのイラストを手縫いの刺繍で表現している。可愛らしいタッチと、丁寧で繊細な刺繍が持ち味。「Chicchiさんの動物刺しゅうキットシリーズ」（piece）や、通信レッスン「テナライ」（日本ヴォーグ社）でも人気を博す。著書に「ほっこりかわいい　どうぶつ刺しゅうでつくるハンドメイドアクセサリー」（ソーテック社）、「物語のあるどうぶつの刺繍」（日本ヴォーグ社）。

HP　　　　　https://www.chicchi-no-embroidery.com/
YouTube　　https://www.youtube.com/c/動物刺しゅうChicchi
Instagram　https://www.instagram.com/chicchi_chimi/
Twitter　　 https://twitter.com/Chicchimisato

ブックデザイン　　　清水佳子（smz´）
トレース　　　　　　仲澤敬子
撮影・スタイリング　松本千慧・松本美慧

本書に掲載されている作品を複製し販売することは禁止されています。
個人的な利用範囲でお楽しみください。

いろいろな糸で楽しむ　　どうぶつ刺繍レッスン

発行日　2021年4月30日　第1刷発行

著　者　　Chicchi
発行者　　清田名人
発行所　　株式会社内外出版社
　　　　　〒110-8578 東京都台東区東上野2-1-11
　　　　　電話　03-5830-0368（企画販売局）
　　　　　電話　03-5830-0237（編集部）
　　　　　https://www.naigai-p.co.jp/
印刷・製本　中央精版印刷株式会社